La première habitude

J'AI LU

FRANÇOISE LEFÈVRE

La première habitude	*J'ai lu* 697/**E**
L'or des chambres	
Le bout du compte	
Mortel azur	*J'ai lu* 3295/**E**
Le petit prince cannibale	*J'ai lu* 3083/**G**
Consigne des minutes heureuses	*J'ai lu* 5595/**F**

Françoise Lefèvre

La première habitude

Éditions J'ai lu

À Irma et Dalio Puerto

Certains jours, je voudrais revoir Saint-Jean-de-Luz, mais ce serait me recueillir sur mes propres cendres. Ce serait aimer éperdument un flacon dont le contenu ne cesse de s'évaporer et que mes mains malhabiles n'arrivent plus à reboucher. Pourtant, je ne peux me résoudre à le jeter à la mer. La vapeur que j'en respire me fige devant un mur. Je ne peux plus écrire. Peut-être les pierres du mur se souviennent-elles de leur effritement, peut-être sentent-elles quand on les ramasse ? Elles sont comme la mer, l'arbre, la pluie et le vent, les témoins d'autres habitudes.

Mon habitude ressemblait à une marche le long d'un chemin bordé de sapins. J'avais vingt ans. J'avançais avec la force de ceux qui savent tirer des traîneaux, corsage ouvert sur le givre, le froid planté comme une lame dans les gencives. Rien ne m'importait que d'avancer. Le ciel était bleu. La cime de cristal des sapins le transperçait comme le cri d'un alléluia. Il faisait froid. Je tenais la main de Raphaël. J'avançais avec lui.

La neige tombait sur mes épaules. En me touchant elle me bénissait. D'ailleurs tout me bénissait. Je me sentais bénie. Ce que je touchais devait pousser, devait donner des feuilles. J'aimais pétrir des boules de terre et les laisser derrière moi pour marquer mon passage. Je crois à toutes sortes d'offrandes qui font ressembler notre existence à un interminable jeu de piste. Je crois à la putréfaction, à la germination, à la métamorphose. J'ai toujours eu beaucoup de force dans les mains, j'ai toujours pris les choses à pleines mains. La terre devait se transformer en or, la chair devait guérir. Je croyais à la chance. J'acceptais de donner ma chance et mes forces à Raphaël. Sa peinture se vendrait. Il suffisait d'y croire, de l'aimer. De dire « Je le veux ». Rien ne me ferait desserrer les doigts. Je sentais que ma salive avait des pouvoirs. Nous serions nomades autant qu'il le faudrait. Mais je savais bien qu'à force de marcher, nous atteindrions un balcon merveilleux. Il serait en bois découpé. Les branches d'arbres passeraient pardessus et les écureuils rentreraient dans la maison. La maison serait grande et remplie d'enfants. J'étais sûre qu'elle apparaîtrait derrière la forêt. Je crois que c'est pour ce balcon dans les arbres que j'ai tant marché.

Plus tard, à quel moment a cessé cette habitude ? A quel moment ai-je cessé de gratter l'allumette pour faire chauffer le café du matin ? A quel moment ai-je cessé d'embrasser l'enfant à la porte de l'école et de revenir heureuse sous les arbres ?

Aujourd'hui, il y a un mur devant ma fenêtre. Jadis, je n'avais pas de fenêtre et mon habitude ne venait pas d'un mur que je voyais.

Longtemps j'ai embrassé des écorces et je me suis déshabillée sous des orages sans personne pour m'accompagner. J'ai besoin que les éléments se déchaînent pour trembler de toutes mes racines et ressentir ce tremblement le long de ma moelle épinière. J'ai besoin de me rouler sur la terre humide, de battre et d'être battue avec de grandes fougères. La terre me console d'une peine dont j'ignore jusqu'au nom. Je sens que je lui appartiens. C'est toujours en me couchant sur elle que je reprends mes forces.

A plat ventre sur l'humus, je deviens fougère à force de baiser la fougère. Je me vautre dans ce cercueil végétal. L'odeur des feuilles pourries me suffoque. Il me semble qu'un génie des forêts s'assoit sur mon visage. Je supplie qu'on me laisse une minute encore prendre part à cette fête végétale. Qu'on me laisse crier jusqu'au sein de la terre, ce cri de ma fureur d'être née humaine.

Personne n'a cette oreille pour m'entendre, car personne n'est capable de se réjouir de nos métamorphoses. Personne ne peut partager, à l'instant où je fourrage dans le ruisseau, ce désir battant au creux du ventre de redevenir têtard.

Souvent je caresse les murs. J'allume des cierges dans les cathédrales. Parfois je me console en achetant du pain. Le pain c'est quelque chose qu'on peut tenir à pleines mains. J'aime aussi percer le ventre des poissons quand leurs ventres tendus regorgent de laitances.

Je revois Saint-Jean-de-Luz. Je la sens, je la hume. Elle a une odeur d'océan et de thon. Je revois la vente à la criée sous le soleil, tôt le matin : une montagne de thons morts. Leurs ventres glissaient les uns contre les autres en éclaboussant de sang nos pieds nus.

Le bonheur, c'était d'être sur le port avec Raphaël, d'avoir faim et de manger un croissant.

C'était comme une fête. Et quand je dis fête, je vois des lanternes colorées, des volubilis, des mandarines dans les arbres, des jardins suspendus. Je sens des odeurs de petit déjeuner. J'entend des bruits de petites cuillères et des voix murmurantes, comme lorsque petite on me tenait un peu à l'écart et qu'il se préparait de grandes surprises dans le salon.

Je tiens la main de Raphaël. Nous marchons sous les arbres. Des mouches d'ombre et de lumière passent sur nos visages. J'aime la lumière. Dans un mois j'aurai un enfant. Parfois ma robe bleu pâle bouge doucement.

Je veux aller regarder les bateaux. Je serre la

main de Raphaël. Il me regarde. Il a l'air heureux.

Ce soir il me peindra à demi couchée en travers du port, un coude appuyé sur la Baie de Socoa. Il me coiffera d'un casque de Walkyrie. Mes cheveux s'enrouleront autour des cornes. J'enserrerai un thon entre mes cuisses.

Un soir, quelque temps avant notre promenade à Saint-Jean-de-Luz, alors que nous habitions à Biarritz une petite chambre meublée d'où nous ne tarderions pas à être expulsés, je m'étais allongée sur notre lit, un peu lasse. La pièce était pauvre, mais il y avait une lumière dorée très douce provenant d'une lampe à l'abat-jour de fortune, posée sur une chaise auprès du lit. Nous ne disions rien. Raphaël vint vers moi et me regarda dans les yeux si tendrement et intensément que mes yeux me piquèrent. Je les fermai. Je vis alors un port devant moi. Il me sembla que c'était un petit port avec des bateaux très colorés. Puis, je crus que je pénétrais dans une sorte de cave. Je lui décrivis ce que je voyais. Il me pria de continuer. Je me retrouvai comme dans une autre vie dans un étrange jardin empreint de sérénité. Il y avait là une grande maison avec un balcon au premier étage. Une porte-fenêtre était ouverte et je pouvais voir qu'un jeune homme était assis à un secrétaire et qu'il écrivait avec une plume d'oie.

Je ne savais qui il était, mais il existait entre lui et moi un lien étroit. Je ne savais pas lequel, mais qu'il fût en train d'écrire avait une importance. Je pénétrai dans les autres pièces dans l'espoir de m'y découvrir. Il me sembla que j'étais à la fois présente et absente de la maison. J'aurais aimé une vision de moi en train d'écrire comme le jeune homme ou en train de jouer avec des enfants. En tremblant, je pénétrai dans chacune des pièces, mais je n'étais nulle part. C'est alors que je vis une sorte de mausolée blanc, dans le jardin. Il me sembla que c'était le mien. Raphaël se tenait près du tombeau, une marguerite à la main. Il était vieux et vêtu comme un ermite. J'eus l'impression que quelque chose de moi s'échappait de la pierre et flottait dans le jardin. Bien que je fusse dans le tombeau, je désirais encore habiter dans la maison. Je sentis que mes larmes coulaient et je ne sus comment interpréter ces images. Raphaël insista pour que je voie plus loin, mais subitement je me trouvai devant un tunnel. Une épée me barra le passage. Raphaël me souffla sur le visage et me caressa le front. La vision de ces images m'avait troublée. En même temps, je me sentais parfaitement bien.

Même sans prendre un crayon, j'ai toujours écrit. Ecrire est devenu pour moi une manière de combler le temps entre l'intolérable naissance et l'intolérable mort. Rencontrer des gens, c'est écrire. Faire l'amour et mettre au monde des enfants, c'est écrire. Ma vie avec Raphaël et après lui, ce fut dix années d'apprentissage de l'écriture. Je ne le savais pas. Ce que je lui donnais, c'était pour moi des milliers d'avortements. Je ne savais pas ce qu'il y avait de dangereux et de magique à infuser à quelqu'un par le biais de l'amour toutes les pulsions de mort et de vie qui étaient en moi. Lui en faire don, c'était accepter de n'avoir plus de chance. Je donnais ma langue, je devenais muette.

Ce soir-là où j'avais vingt ans et où je vis ces images en regardant Raphaël dans les yeux, je lui dis aussi qu'il devait peindre une toile en une nuit. « Mais, je ne peux pas, répondit-il, tu sais bien qu'il me faut des semaines pour peindre une toile ! » Il me demanda de rester près de lui. Je mis de l'eau à chauffer pour le thé et j'écrasai sur la palette quelques tubes de couleurs. Je n'avais jamais tenu un pinceau, ni un couteau à peindre. Je me plaçai debout derrière lui et il commença d'étaler la pâte sur la toile.

Il posait la couleur et je grattais la touche au couteau. Des transparences naissaient. Les couleurs pénétraient les unes dans les autres. Nous étions pris d'une sorte de fièvre.

Il me saisit à la nuque, me força d'appuyer ma bouche contre son sexe. En m'agenouillant je tachai de violet son pantalon de velours côtelé. Il peignait la cathédrale de Notre-Dame. En m'agenouillant ainsi, il me sembla commettre un péché. D'une main, il caressait mes cheveux, de l'autre il tenait un couteau rempli de couleur rouge. Il poignarda la toile. Le rouge éclatait partout. Puis il souligna de noir les portes de Notre-Dame. Je me retournai et grattai le cerne. Je posai un bleu sur un vitrail. Je voulais que l'espace vive, que le vitrail soit à côté de Notre-Dame. Il m'empoigna par les cheveux et me força à me relever. Je l'embrassai sur la bouche avec cette terrible impression d'avoir communié. Nous avions échangé quelque chose d'étrange, d'inexplicable. Quelque chose de moi était passé en lui.

Nous nous lavâmes les mains à l'essence de térébenthine et nous nous couchâmes sans rien dire. La toile était posée sur la chaise qui nous avait servi de chevalet. La petite chambre sentait la peinture. Dehors on entendait l'océan et toutes les minutes, régulièrement, la lumière du phare de Biarritz balayait la chambre.

Celle qu'on appelait « le Dragon » était une femme qui tenait un immense garage.

Un jour notre vieille « Vedette » tomba en panne. C'était le seul bien que nous possédions. Et maintenant nous étions à pied et nous n'avions plus d'argent. Une voiture nous était indispensable pour continuer à prospecter la région.

Au-dessus de la porte du Dragon une devise était inscrite : « A la force du poignet ». Nous étions venus avec l'intention de lui demander d'accepter de réparer notre voiture en échange d'une toile.

Il était midi. J'attendis dehors près d'une pompe à essence. Raphaël venait de pénétrer dans son bureau. Il en sortit bientôt en me faisant signe de venir. Le Dragon me dit alors qu'elle acceptait de nous donner une « Ariane » révisée et en état de marche. Elle ajouta à mon intention : « Je le fais pour vous, madame. »

Je sus tout de suite en m'y promenant que Saint-Jean-de-Luz était le port que j'avais vu dans cette sorte de rêve. C'est pourquoi nous marchâmes dans les rues avec l'espoir d'y trouver cette cave que j'avais vue également.

Nous la trouvâmes dans une ruelle qui montait vers une digue. Nous sûmes par la suite qu'elle était située dans la plus vieille maison de Saint-Jean-de-Luz. Il fallait descendre trois marches pour y pénétrer. Elle avait appartenu à un limonadier. Elle était remplie de bouteilles vides, de charbon, de poussière, de toiles d'araignées. Elle n'avait pas été ouverte depuis des années. Une odeur forte d'urine et d'humidité se dégageait des murs. Elle était aussi impressionnante que la cave d'un château. Le jour y pénétrait par des soupiraux. On nous certifia qu'il y avait eu ici des emmurés.

Elle fait bien vingt mètres de long sur douze mètres de large. Son plafond est bas et soutenu par de vieilles poutres. On nous la loue pour une somme modeste que nous nous engageons à payer dès que nous aurons vendu notre première toile.

Nous la vidons, la balayons. Des pêcheurs nous apportent de vieux filets, des boules de verre. De vieilles gens nous apportent de vieilles choses. On m'offre même des chaussons pour le futur enfant. La ville est truffée de rois mages, de bergers.

Puis, c'est l'attente. Raphaël peint et nous attendons les clients.

Parfois des gens désagréables pénètrent chez nous et ricanent. D'autres au contraire nous parlent, nous encouragent. Nous n'avons pas un centime. Nous mangeons peu. De l'eau, du pain, un morceau de fromage.

On nous donne un lit de fer que nous plaçons dans un coin et dissimulons derrière une tenture. Raphaël ouvre un crédit dans une boutique de fournitures pour peintres.

Toute la journée nous attendons, et une grande partie de la nuit. Nous attendons que les gens entrent, que les gens achètent. Raphaël peint du matin au soir. La collection de toiles augmente.

Nous avons mis de la musique sur un vieil électrophone. Notre porte est ouverte sur la rue, nous attendons.

Ce matin, un homme est entré dans l'atelier. Il nous a regardés. C'était l'heure du repas et nous ne mangions pas. Il nous a dit : « Vous, vous avez une tête à ne pas manger ! Je suis peintre aussi. J'ai connu la même chose, il y a quelques années. J'ai pu tenir grâce à une femme qui a une auberge. Durant des mois j'ai mangé à ma faim. En échange, elle ne voulait pas d'argent, mais seulement une peinture. Je vais vous la présenter. »

Ainsi, nous connûmes Germaine. Elle nous ouvrit sa maison et ne demanda rien. Elle nous installa sur la terrasse, planta un parasol orange au-dessus de nos têtes et nous souhaita un bon appétit. Pour commencer, elle nous offrit une moitié de melon emplie de porto. Elle me dit que c'était pour me remonter. L'océan arrivait jusqu'au pied de la terrasse. Le soleil sur les embruns me donnait l'impression de flotter dans une vapeur tiède. Très haut dans le ciel, des oiseaux blancs poussaient des cris au-dessus de notre déjeuner. Germaine courait vers chacun de ses clients et revenait nous demander si tout allait bien. Je touchai la serviette de lin aux broderies basques. La vie me semblait douce. Nous reviendrons ici chaque jour de l'été. Chaque fois que nous aurons faim nous irons vers Germaine.

Ce repas devait être le dernier avant la naissance. Nous revenions à notre atelier en marchant lentement, ma hanche contre celle de Raphaël. Pieds nus dans nos sandales nous escaladions les digues pour regarder de tout en haut l'océan. C'est là que je sentis remuer l'enfant très fort.

Je suis aux aguets et j'attends qu'une autre secousse me confirme qu'il est temps de m'apprêter. Etrange instinct qui fait tourner sur elles-mêmes les lionnes et les louves, qui donne envie de se trouver une place secrète, de gratter furieusement le sable pour y creuser un trou assez large et pour s'y coucher en rond. J'ôte ma main de celle de Raphaël. Une boule dans mon ventre descend implacablement, je me sens devenir sauvage.

Il faut trouver quelqu'un à qui emprunter un peu d'argent pour mettre de l'essence dans notre vieille voiture.

Je n'ai pas de valise à faire. Je n'ai rien à emporter. Fiévreusement, j'organise mon baluchon. J'y rassemble tout ce que j'aime, tout ce qui me semble indispensable. J'y entasse pêle-mêle un bric-à-brac de fards, la photo de Raphaël en train de peindre avec moi à ses côtés, une lettre qu'il m'a écrite un jour, ma carte d'identité et un petit bracelet de laine que j'ai confectionné pour qu'on le passe au poignet de l'enfant quand il sera né.

Les vieilles femmes de notre rue sont à leurs fenêtres pour me regarder partir. Elles me font des signes d'amitié. J'écoute leur murmure et leur renvoie leur baiser du fin fond de la ruelle jusqu'au dernier étage ensoleillé.

Par chance le médecin qui possédait la clinique était amateur d'art. Nous n'avions pas d'argent, pas de sécurité sociale et c'était bien difficile d'accoucher dans une clinique ou un hôpital dans ces conditions. Le médecin voulait bien m'accoucher contre une toile. Il passerait à l'atelier pour la choisir.

C'était une belle clinique dans un faubourg tranquille de Bayonne. C'était le mois de juillet, la lumière et le silence. L'Adour un peu plus loin se jetait dans l'océan. Dans le parc, le gravier des allées crissait sous les pneus de la voiture. Par les fenêtres ouvertes on entendait des cris de nouveau-nés. Je pénétrai dans la salle d'attente qui était une pièce fraîche envahie de potiches bleues et de caoutchoucs aux feuilles bien astiquées.

J'avais entendu dire que la mère d'Henri IV avait mis son fils au monde en chantant. J'aurais bien voulu en faire autant... Mais je ne savais pas que je manquerais de mourir en donnant le jour à un enfant de près de dix livres. Je n'arrivais pas à l'expulser. On me l'arracha et, avec lui, je me vidai de mon sang. L'imprudente clinique n'en avait plus en réserve et c'est Raphaël qui fut délégué pour rapporter cinq kilos de plasma.

Près de moi, un berceau de fer où dort une petite fille. C'est Cécile. Je m'appuie sur un coude et soulève le drap de dessus le petit corps. Il faut bien faire connaissance tout de même... La taille de l'enfant m'étonne. Comment ai-je pu le sortir de moi, ce petit monstre ?

Ainsi couché sur le flanc, on aurait dit un petit bronze dégringolé de son socle et retrouvé au matin, luisant de rosée. Ce qui m'enchanta c'est la peau tendue à l'extrême, les petites épaules rondes, les oreilles bien collées. Avec ses forces de quelques heures, elle agrippait déjà mon doigt. Je lui parlai, je lui dis : « Tu ne m'appartiens plus, mais moi je suis à toi, autant que tu le voudras. J'ai l'impression que je dois me rendre sur une grève et là te poser sur une vague qui t'emportera. N'est-ce pas aimer la vie que de te serrer dans mes bras pour te murmurer comme première berceuse « Toi aussi tu mourras ». »

Dans la cave, j'installai l'enfant. Germaine me donna ce qu'il fallait pour la coucher. C'était une corbeille de lingère doublée de cretonne. Elle y joignit un petit matelas garni de son, deux paires de draps et une merveille de petit couvre-pieds qu'elle avait crochetée elle-même. Elle avait prévu jusqu'à vêtir mon enfant.

Je posai le panier sur deux chaises et m'assis

sur le lit pour contempler cette petite fille nouvelle. Etions-nous vraiment dans une cave ? Je ne m'en rendais même plus compte. Le sol était taché de cambouis, il y avait du salpêtre sur les murs et toujours le même rai de lumière qui tombait du soupirail sur notre lit.

Ce matin, avant d'y placer l'enfant, j'ai bien nettoyé notre recoin. Partout j'ai frotté avec de l'eau javellisée. Sur le mur couvert de salpêtre, j'ai tendu quelques feuilles de papier crêpon pour lui faire un nuage mauve. Avec un serrement de cœur j'ai sauté le passage dans le manuel de puériculture où ils parlent d'une chambre claire. J'essaie d'être joyeuse et je lui confectionne un petit mobile retenu par un fil transparent. Il se balance dans les airs. Je l'ai taillé dans un bouchon de liège. Deux bouts d'allumettes figurent deux petits yeux rouges et des copeaux de bois lui font l'aigrette et la queue. C'est un oiseau.

Un peu plus loin, sur un tabouret, j'ai installé un petit réchaud à gaz et dessus notre unique casserole. Précieux matériel que j'entretiens avec une rigueur de laborantine.

Aussi passe l'été. Je me penche sur elle, sur son souffle infiniment précieux. Parfois j'arrose ses pieds avec des gouttes d'eau de mer. Parfois je l'élève à bout de bras pour la montrer au soleil. Je veux qu'elle ait toutes les bénédictions.

Août s'éteignit. Une saison avait passé sans

que nous nous en doutions. Pourtant je reçus cette angoisse de l'automne, de la mauvaise saison à venir, qu'il aurait fallu préparer quand il en était encore temps. Il n'y aura plus la chaleur du soleil. Il faudra inventer le feu. Il faudra tout quitter et partir là-bas, nous ne savons où. Ici la fête est terminée, plus personne n'entre chez nous. Si nous voulons vivre, il faut quitter Saint-Jean-de-Luz. Nous apprendrons à laisser une ville devenue morte, sans un regret, sans un frôlement de main pour ses pierres qui nous ont abrités.

Saint-Jean-de-Luz fraîchit. Les passants se font rares. C'est l'époque des équinoxes et le vent pousse des brindilles dans notre cave. J'y déchiffre un message : C'est fini. Même le rai de lumière ne passera plus le soupirail. Personne n'entrera plus chez nous... Dans un carré de laine, j'enveloppe bien l'enfant. Je sens qu'il faut partir. Les grandes marées font craquer la digue. Notre cave plus basse que l'océan y est presque adossée. Je crains qu'il s'engouffre dans la ruelle et nous scelle dans notre trou. Si nous gardons notre cave ouverte c'est que nous espérons la visite de quelqu'un attiré par notre musique. Vivaldi n'est plus. La chevauchée des Walkyries fait rage. Il me semble que le vent a rendu notre porte ovale. Tout grince comme à bord d'un navire en perdition. La moindre cloche qui tinte m'appelle. Je crois toujours que c'est pour moi. J'y vais. Je laisse tout et je pars seule regarder la tempête sur la plage. J'y vais chercher quelque chose que je ne comprends pas.

C'est d'abord comme un souffle, une caresse inhumaine, une émotion végétale, minérale. C'est dur à supporter. J'ai besoin de crier et je ne peux pas. Je sens que je crierai un jour. Quand je suis prise dans cette tourmente, j'ai l'impression de tromper Raphaël. Je sens qu'il y a quelque chose que jamais il ne partagera. Comment faut-il aimer pour qu'un jour l'autre se change en la même pierre que nous ? C'est de cette fureur-là que je dois souffrir, qui me donne envie de fouiller la terre. A qui sont ces parcelles ? Pourquoi cette métamorphose ? Comme maintenant où j'ai l'impression d'être sable ou rocher. C'est fugitif et je l'aurai gardé pour moi seule. C'est de là que vient mon malaise. C'est comme une double vie qui ne peut s'expliquer. C'est comme si j'avais contracté un mariage dont je ne me souviens pas et que je me retrouve au matin avec une alliance au doigt sans savoir qui me l'a passée. Qui nous engendre ? De quoi sommes-nous la continuation ? Quelle matière nous prolongera ? peut-être que parfois on ne supporte plus d'être « mélangé » à un autre, à une autre. Et si nous pouvions être suspendus au-dessus de nous-mêmes quelle figure découvririons-nous en suivant la trace de nos pas ? Je suis sûre qu'il y a des êtres qui passent leur vie à faire des ronds. Mais dans cette vie il faut bien s'arranger, et l'arrangement pour lequel nous prions le plus c'est sans doute celui qui consiste à regarder vivre et à être regardé, à aimer, à être aimé.

En cette seconde même je ressens comme un divorce entre Raphaël et moi. J'aurais voulu qu'il ne me laisse pas rentrer seule. J'ai besoin qu'on vienne à ma rencontre et j'ai besoin d'aller à la rencontre ; j'ai besoin d'un rendez-vous. J'ai besoin de savoir que l'autre escalade un versant de la colline pendant que j'escalade le mien de mon côté. C'est cette dimension-là qui me fait vivre. Il est caché, il est encore caché, mais je sais qu'il vient à ma rencontre et que nous nous retrouverons au sommet. Mon Dieu, que je suis fragile. Est-ce que je ne vivrais que pour cela ? Pour cette rencontre ? Je me traîne sur cette plage. Je n'ai même plus envie d'avancer. Je voudrais que Raphaël me trouve, oui, c'est cela, je voudrais être trouvée. Je suis glacée et l'océan n'a pas de langue pour m'ôter toutes ces perles d'eau. J'ai besoin d'une langue qui me connaisse parfaitement. J'ai besoin qu'on me recueille. C'est bon d'être perdue et retrouvée.

Quand je remonte les petits escaliers de la plage, le bruit de la tempête s'éloigne doucement. J'arrive au pied de la digue qui borde notre ruelle et la rumeur s'assourdit comme au travers d'un coquillage. Il fait nuit noire et je presse le pas. Tous les volets des maisons sont fermés. Parfois quand on voit la nuit si noire on se demande par quel miracle la lumière du jour peut revenir. Comment ne pas aimer le jour qui revient ? Je serre mon châle de toutes mes forces pour avoir l'impression que c'est moi qu'on serre dans les bras, là juste en ce moment, parce que j'en ai besoin. Je sais bien que les gestes de tendresse sont un luxe. Raphaël économise ces gestes-là...

Quand je pousse la porte de l'atelier, je trouve le père et l'enfant endormis. Raphaël ouvre un œil. Son silence est un reproche. Il se retourne de l'autre côté. Il trouve étrange que moi, la mère, j'aie pu me promener seule dans la nuit. On dirait qu'il veut me rendre coupable. D'ailleurs, je me sens coupable. Je mettrai dix ans à oublier que je ne le suis pas. Si je commence à parler, il se lèvera, s'en ira en claquant la porte comme il l'a déjà fait plusieurs fois.

Je m'assieds au bord du lit. Il me dit qu'un monsieur à cheveux blancs est passé tout à l'heure pour acheter une toile. Nous pourrons donc être sûrs de partir d'ici une quinzaine. Ce monsieur est un entrepreneur de pompes funèbres, fasciné, paraît-il, par le mouvement. C'est pourquoi il a choisi d'acheter une corrida. J'aurais préféré un marchand de bonbons.

Nous attendons le chèque du monsieur à cheveux blancs. Nous pouvons vivre grâce aux arrhes qu'il nous a versées. C'est grâce à lui que nous pourrons partir. Pour l'instant, nous sommes coincés. Germaine est partie. Nous restons seuls dans la ville déserte, les quelques habitants referment leurs volets. Nous commençons à comprendre que nous sommes une race un peu à part : celle qui n'a pas de domicile fixe. S.D.F. a dit un jour un policier en regardant nos papiers.

Une nuit, dans l'atelier, alors que nous sommes couchés, j'entends une présence qui rôde et traîne avec elle comme un bruit de papier. Morte de peur, j'allume. Mais c'est une présence maligne qui s'arrête quand j'écoute. J'éteins. La présence continue de s'agiter. On dirait qu'elle avance, qu'elle progresse. Je rallume, la présence se tait. Elle écoute aussi et semble assez intelligente puisqu'elle profite de l'obscurité pour se déplacer. Tout de suite, je pense à un homme ; à quelque maniaque qui nous aurait repérés. Je secoue Raphaël qui se lève doucement et saisit un manche à balai. Ce qui nous intrigue le plus c'est le bruit de papier froissé. Pourquoi un être humain ferait-il tant de bruit ? Je crains pour la petite et tout ce que je peux faire c'est rester aux aguets dans le coin que nous avons rendu un peu viable au cœur de cette immense cave. Raphaël s'avance en éclaireur vers la région dangereuse. Comme je m'attends à tout, je saisis une bouteille d'eau de javel qui semble la seule arme possible à ma portée. Mais combien sont-ils ? Le stade de la peur est dépassé. Ma main ne tremble plus. Je me sens capable de calculer mes gestes. Le silence qui accompagne Raphaël dans son exploration est intenable. Je tiens ma bouteille levée, prête à foncer et soudain j'entends un remue-ménage et ce cri : « Nom de Dieu, les rats ! » J'avance à mon tour et je vois, perchés sur une malle en osier dans laquelle restait du sucre qui devait servir à la fabrication de la limonade, trois rats énormes qui ne s'enfuient même pas. Ils menacent. Ils ont approximativement la grosseur de chats. Ce sont des rats d'égout luisants et qui bavent.

Désormais, nous serons obligés de circuler un bâton à la main. Dans la pénombre nous les sentons qui nous guettent. Certains même filent devant nous quand nous allons aux toilettes. Je n'oublierai jamais cette remontée des égouts dans notre cave.

Nous allons connaître des nuits blanches, veiller jusqu'à l'extrême limite de nos forces en tendant l'oreille pour écouter le bruit que font les rats. C'est une invasion. Ils sortent de partout. Par dizaines. On s'est un peu barricadé avec de mauvaises planches et notre bâton ne nous quitte pas. J'ai pris le bébé dans notre lit. Il me coule dans le dos une sueur froide. Durant dix jours nos muscles seront contractés et dans la pénombre nos yeux nous feront mal à force de scruter. L'enfant ne quitte pas mes bras. Je ne le laisse pas une seconde seul, car je sais que son odeur les attire. Je me souviens de ces histoires qu'on raconte à propos des soldats dans les tranchées lors de la guerre de quatorze. Ils devaient s'empêcher de dormir. A la moindre défaillance, ils savaient que les rats leur mangeraient les doigts et le nez. Le pis c'est qu'on ne sent rien, paraît-il, car ces bêtes ont dans leur salive des substances qui insensibilisent. Alors nous veillons à tour de rôle, mais il n'est pas rare que nous sombrions tous les deux dans le sommeil et que l'un d'entre nous se réveille en sursaut à cause d'un grattement qui semble se rapprocher.

Le lendemain de la première alerte, nous inspectons la cave avec une lampe de poche. Il faut imaginer un grand entrepôt rempli de coins sombres jamais explorés, où s'entassent des pyramides de casiers à bouteilles, des vieux sacs remplis de saletés diverses. Au loin dans un coin reculé, le faisceau de la lampe fait apparaître une flaque. En nous approchant, nous découvrons qu'il s'agit d'une bouche d'égout qui déborde avec le mauvais temps. Les eaux sales gagnent du terrain. Bientôt il nous faudra un radeau. C'est donc par ce trou que les rats remontent.

Notre départ ne dépend plus que de ce client qui doit revenir dans dix jours. Mais peut-être va-t-il se désister ? Ne plus vouloir de la toile... Les arrhes qu'il nous a versées permettent juste d'acheter le lait pour l'enfant et ce qui est indispensable à son entretien pendant cette période. Nous recommençons à nous mal nourrir.

C'est décidé, nous allons exterminer les rats. Nous achetons des graines empoisonnées et les répandons dans tous les coins suspects. Il paraît que c'est foudroyant et qu'ils crèveront d'une hémorragie interne. Je suis écœurée à l'idée qu'il faudra ramasser tous ces cadavres. Deux nuits se passent durant lesquelles je me dis qu'il faut tenir. Ce n'est pas le moment de lâcher. J'ai persuadé Raphaël que nous vivrions de la peinture, il n'est plus temps de faire marche arrière. Vivre de la peinture veut dire manger à sa faim, se vêtir, mener une vie libre et normale.

Cette invasion de rats sera notre première grande épreuve. Les indigènes commencent à se méfier de nous et se demandent ce que nous faisons encore là. Ils sont gênés de nous voir habiter la cave avec un enfant. Ils nous fuient ; ce n'est plus la même ambiance que cet été.

La journée, je promène l'enfant dans mes bras dans les ruelles pleines d'ombres. Les boulangeries allument tôt leurs petites lumières. Les braves gens qui font la queue chuchotent sur mon passage. Je prends le bout de la file et comme eux je paie ma baguette avec des petites pièces jaunes qui tintent sur le comptoir. C'est bon d'exister et de pouvoir acheter du pain. Les femmes curieuses ne peuvent s'empêcher de me poser des questions : « Comment est-ce dans la cave ? Vous devez commencer d'avoir froid maintenant avec le mauvais temps ! Pourquoi restez-vous ? » Il y a quelque chose d'hostile dans leur voix et je pars sans rien pouvoir leur répondre.

C'est sûr maintenant, le client a télégraphié qu'il achèterait la corrida. Il nous fixe rendez-vous dans une semaine. Ma joie est grave comme à l'annonce d'une chose inespérée. Nous continuons à semer le poison. Deux nuits se sont passées sans grand changement. Nous continuons à en répandre. Le matin de la troisième nuit, je me lève sur le coup de six heures pour préparer le premier biberon... J'ai froid et je suis fatiguée par une nuit passée à lutter contre le sommeil. Je frotte mes membres engourdis et j'enfile des sandales dont les lanières laissent voir mes pieds nus. Je me dirige machinalement vers le tabouret du réchaud à gaz. Tandis que je m'étire en bâillant, j'entends un petit cri auquel je prête à peine attention. Puis, soudain une boule chaude roule sur mes pieds nus. La sensation d'une boule vivante et poilue. Je ne bouge même pas tant je suis terrifiée et je retiens un cri à la vue d'un rat qui se contorsionne sur mes orteils. Il semble pris de spasmes et à chaque soubresaut retombe sur mes pieds, plus insistant et plus lourd. C'est le poison. Tout se passe en quelques secondes et je me sens au bord d'une crise nerveuse. Je ne peux dire que faiblement : « Raphaël viens voir, il y a un rat qui crève sur mes pieds ! » Je reste avec le biberon à la main. Raphaël ôte le rat mort en le tirant par la queue. Mes frissons de tout à l'heure font place à une fatigue que je ne peux même plus supporter. Il faut que je dorme pendant que les rats sont en train de crever. Plus que quatre jours, il faut que je dorme. Je me couche en rond autour de l'enfant. Le chèque de la délivrance arrivera bientôt... Si cet homme savait à quel point nous payons son attente. J'aurais besoin de parler à Raphaël, lui dire que je doute parfois. Mais je sens qu'il ne le supporterait pas et remettrait la faute sur moi. J'aimerais qu'il me prenne dans ses bras et me dise que j'ai besoin de sommeil, que je dois dormir et qu'il s'occupera de l'enfant jusqu'à mon réveil. Il ne le fera jamais.

Maintenant les rats nous laissent en paix. L'ennui c'est qu'ils crèvent dans leurs trous et que nous ne pouvons les dégager. Une odeur de charogne commence à se répandre, se déplace au hasard des courants d'air, se pose sur notre œuf épluché, sur la tétine du biberon. Même la literie du bébé sent la charogne. Nous sommes infestés et passerons notre dernière nuit un mouchoir sur le nez. Il faut s'en aller vite avant que se déclare le choléra. Avant de partir nous alertons le service d'hygiène. Pour l'instant il nous faut plier bagage. Raphaël rebouche chaque tube de peinture, empile ses toiles et fourre le tout dans la voiture.

Le croque-mort arrivera tout à l'heure avec l'argent qui nous permettra de partir. C'est dans un bistrot de pêcheurs que nous le recevons. Le voilà. La transaction est faite. Il a la toile, nous avons le chèque. Je pense en le recevant qu'il ne faudrait plus tolérer d'aussi longs délais. Mais il n'y a rien à changer dans notre méthode de vente. Ce qu'il faut, c'est persévérer. Nous avons un terrain en friche et pas d'outils pour retourner la terre. Il faudra y aller avec les doigts, avec des morceaux de ferraille. Je ne vois pas d'autre solution que de s'esquinter un peu. Je crois au résultat. Je crois que nous vivrons librement de la peinture.

Il y a une atmosphère étrange dans ce petit bar. Quelque chose qui poisse et colle à la peau comme des embruns. Quelque chose qui retient et dit : « Vous êtes bien ici, il y a la chaleur et la quiétude. » C'est comme un nid, je me sens la tête et les jambes lourdes. J'aime me sentir comme dans un nid. Je redeviens petite et le bruit perçu autour de moi n'est plus qu'un ronron. Je voudrais être petite au point de me cacher dans la caravelle qui se balance au plafond. Surtout qu'on me laisse quand je pars aussi loin. Je me répands, survole des jardins qui sont ceux de mon enfance et je m'y perds. Pour que je redescende sur terre, il faudrait la pression d'une main douce sur la mienne et non une bourrade sur l'épaule accompagné d'un « hé, alors on plane ! ». Lui, Raphaël, m'a tapé sur l'épaule. Il n'aime pas que je m'en aille dans les nuages. Je ne peux pas toujours être au-dessus du ton, persévérer dans l'aigu, le strident, le criard... Non, j'ai envie du doux, du decrescendo, d'onomatopées dans le grave. Il m'a dérangée ; je me recale au fond de ma banquette. Derrière les carreaux je vois qu'il pleut. Il pleut sur notre voiture. Je ne sais pourquoi ma gorge se noue à la vue de cette voiture solitaire sur la petite place. Solitaire comme le tamaris qui a pris racine dans le béton.

Ce décor m'apparaît tragique avec sa fuite au lointain, vers le néant. La fenêtre est si petite que l'horizon se rétrécit comme au travers d'un trou de serrure. Pourquoi est-ce tragique, une voiture, un arbre et l'infini ? Pourquoi est-ce que je m'isole de ceux du café dont la rumeur monte comme un alléluia viscéral ? La porte des toilettes bat. Alléluia ! C'est l'heure de l'apéritif. Alléluia !

Il pleut si bien dehors que je voudrais qu'on me métamorphose en grenouille. Une jolie rainette au ventre vert qui palpite et s'imbibe d'eau. Une rainette et ses têtards fourrageant dans des odeurs de cresson. Mais je ne suis que cette femme muette qui cherche ses propres lèvres sur la buée du carreau. Je m'étonne de cette empreinte de ma langue sur la vitre. De l'extérieur je dois apparaître comme un singe tragique au museau écrasé. Pourvu que personne ne passe. J'ai une formidable envie d'étreinte, à hurler, à m'en mordre le bras pour me taire. Un arc-en-ciel s'est levé qui met un peu d'or à mes paupières. Est-ce mal de vouloir me déshabiller et de courir là-bas me vautrer dans le sable mouillé ? N'être plus que cet animal qui fait la fête à son amant et lui offre sa croupe. Qu'il se colle à mes reins de tout son ventre, cet amant du mystère. Que son dard gonfle dans ma chair comme la murène dans son trou de roche. J'aimerais le sentir ramper sur ma peau, plus enveloppant qu'une pieuvre, plus désespéré que moi. Mon ventre ne sera qu'une blessure à force de remuer sur le sable, mais cette blessure sera bonne et nécessaire. Cuisante, elle me fera mieux sentir le vertige des mille succions et de ce nœud de serpent qui m'emplit et s'agite et veut se défaire et que je retiens avec la force d'un coquillage refermant ses charnières.

Je veux que notre étreinte nous fasse crier le même secret, jusqu'aux profondeurs de la terre. Je veux un orgasme où l'on avoue qu'on s'aime. Ce n'est pas pour le plaisir vraiment mais pour la tendresse des bras qui se pencheront dessus les eaux souterraines et m'arracheront à mes sortilèges.

Une toux rauque me sort de mon rêve. Il fait bon dedans, chaud. Il y a une odeur de chipirons cuisant dans leur encre. Des hommes parlent fort. Finalement leurs voix, leur odeur m'abrutissent et me font du bien. Plus le ton monte, plus j'ai envie de me serrer contre ce fantôme d'amant, qui ne serait pas Raphaël mais qui aurait son visage quand même. Pourtant non, pas Raphaël. Alors un qui n'aurait pas de visage ou plutôt mille visages. O non pas mille c'est affreux ! Raphaël viens à mon secours ! Tu ne vois rien, tu ne sens donc rien ? En ce moment, juste en ce moment je veux ta langue sur mon cou, ta main entre mes fesses et la banquette... Tu verrais alors si je ne t'enfourcherais pas avec la fureur du son qui veut rattraper l'éclair. O que ce doigt invisible qui me tourmente continue, qu'il ne s'arrête pas ! Je meurs de désir, je me dilate et toi tu parles et tu ne vois rien. Alors c'est vers l'amant fantôme que je glisse, ou vers les mille autres que je veux et que je ne veux pas. Qu'on les cache derrière un dais noir. Je ne veux plus deviner leurs initiales entrelacées. Mais, toi Raphaël si tu pouvais seulement me donner un baiser, tout rentrerait dans l'ordre. Ton baiser voudrait dire : « Je te sens moi aussi, je te veux mais attends cette nuit. »

J'aurais porté ce baiser tout au long du jour comme un joyau qui sans cesse me battrait le nombril. Ce baiser-là aurait chassé les fantômes.

Au lieu de cela, j'entends ta voix me disant un jour en parlant de femmes que tu as connues : « elle jouissait comme une salope ! » ou encore : « un bon coup dans les fesses et tout rentrait dans l'ordre ! »

Je tremble de tous mes membres. J'ai peur. J'ai choisi. J'ai choisi et j'ai peur. Ne suis-je pas en train de te tromper, de me tromper ? Quel nom donner à ce prétendu courage qui me propulse vers ce pari fou. Je vois bien que c'est comme un gouffre qui m'attire. Je me complairais des heures à ressasser la même chose dans la fumée. Au fond ce que je voudrais, c'est que midi dure deux heures. Je voudrais arrêter le temps. La séparation, la rupture m'obsèdent. Tout ce qui se brise, tout ce qui finit m'obsède. Une assiette qui se casse peut me plonger dans une forme de stupeur hypnotique. Je serais capable de rester des heures à en contempler les morceaux dans l'espoir de les voir se recoller tout seuls. Le temps qui passe m'écorche, je vois dans les pendules des jardiniers qui ratissent avec de longs râteaux. Je crains la tombe. J'ai peur de ce qui s'abrège. Je ne le sais pas encore, mais je ne peux vivre sans passion. Alors n'est-ce pas m'aimer moi plus que les autres que de vouloir convertir cette douleur obsédante en paris difficiles ? Tout me semble jaunâtre, la lumière du dedans, du dehors, la peau des visages, mes doigts sur la cigarette. Avec mes vingt ans je prends parti pour ta vie, je prends parti pour ce qui est difficile...

Aujourd'hui, mon habitude vient d'un mur que je vois par ma fenêtre.

Si je creuse, si je n'arrête pas de creuser, j'imagine que je vois la mort en face, d'étranges soleils aux reflets mats. Quand on meurt, aperçoit-on une lumière ?

Comment faut-il vivre ?

Est-ce bien de Raphaël que je parle ? Est-ce lui qui me dira quelques années plus tard : « débrouille-toi ! » et m'abandonnera avec nos deux enfants ?

Comme je suis lente à écrire. Les mots ne viennent que si je pense que je vais mourir.

Je n'ai plus ce plaisir de sentir que je m'endors. C'est comme si j'allais perdre du temps, je reste les yeux grands ouverts : je ne ressasse même pas. J'ai froid aux pieds. Mes jambes s'engourdissent. Tâter mon ventre, mes seins, mes cheveux ne me rassure même plus. Je sens battre mon cœur dans le silence. J'imagine soudain qu'il pourrait s'arrêter. Je crois entendre le lit des enfants grincer. Elles ne sont plus là.

J'ai dû les placer en nourrice loin d'ici.

Suis-je bien leur mère encore ? Mon ventre ne frémit plus. Je me lève pour aller boire de l'eau. Je circule dans le noir, les mains en avant. Je traverse une épaisseur. Jamais je ne me cogne aux objets. Chaque fois que j'avance un pied, j'imagine que le sol va se dérober. Ma gorge se noue. Je tâte le contour des portes. Je suis un mur. Je voudrais écrire, je n'y arrive pas. Le carrelage me glace. Est-ce bien moi qui aime tant ouvrir les volets le matin ? Qui me penche par la fenêtre pour voir les premiers passants ? Je ne prépare plus les enfants pour l'école... Pourtant le moindre chant d'oiseau, le moindre souffle de vent m'enchante. Chaque jour qui revient me semble un petit miracle.

Je retourne à mon lit après être passée près du lit des enfants. Il me semble que je vais me pencher pour frôler leurs joues et reborder leurs couvertures. Je retiens mon souffle pour mieux me souvenir du bruit de leur respiration. Je murmure des vœux pour elles. Ce sont des sortes de syllabes qui se confondent avec mes battements de cœur. Des mots se forment tout seuls dans mon ventre.

De mystérieuses odeurs de litière remontent en moi. J'ai des mamelles jusque dans le dos.

Les fenêtres violettes. Derrière la crainte de la nuit. L'attrait. Une densité flotte et monte jusqu'à mes cuisses. Je m'enfonce dans quelque chose. Je marche, je marche. Mes bras sont libres. Je tiens des chiots contre ma poitrine. Je suis terrifiée par ce que j'écris. C'est mal d'écrire, j'en suis sûre. Je creuse pour retrouver quelque chose. Mais quoi ?

Les mots appartiennent-ils à ceux qui les écrivent ? Ce sont les mots qui nous appellent. Pour moi chaque mot est une maison.

Je travaille pour que les enfants reviennent. Je suis ouvreuse, vendeuse, démarcheuse. Et j'écris. Il n'y a personne.

Il pleuvait toujours sur le capot de la voiture à Saint-Jean-de-Luz. Sa brillance me fascinait. En levant un peu les yeux, je pouvais voir un bout d'océan chargé d'un cargo noir qui sortirait bientôt des limites de la fenêtre. Il s'encadrait juste dans un carreau et le petit rideau que j'avais soulevé retomba sur la houle grise.

Il nous fallait partir. Le croque-mort mit son chapeau de pluie. Ce n'était pas facile d'ouvrir la porte avec cette grande toile sous le bras. Je l'aidai en maintenant le battant. Je le fis surtout pour sentir la bourrasque me passer sur le visage.

Le café était presque désert. Je retournai à ma place. Il me sembla que Raphaël penchait une tête d'oiseau malade sur son thé bouillant. Il avait un profil d'oiseau de proie. Je bus dans sa tasse quelques gorgées de thé citronné. Il dit sans me regarder qu'il avait une surprise pour moi. Une institutrice du pays qui était souvent venue voir ses toiles lui proposait les clés de son chalet à la montagne dans les Pyrénées. Elle devait arriver dans un instant.

Je lui demandai où il l'avait rencontrée. « Elle venait souvent à l'atelier », me répondit-il. Je ne m'en souvenais pas.

Elle entra, se dirigea droit vers Raphaël et lui tendit une clé. Elle lui parla. De fade et pâlot qu'il était, son être tout entier se transforma. La petite institutrice au chignon tiré semblait voir la vie au travers d'une coupe de champagne, et moi, elle ne m'avait pas encore vue. Je regardai Raphaël dont les yeux se dérobèrent aux miens.

Elle tapota son col de dentelle et, pour mieux écouter ce que disait le maître, elle croisa ses bras blancs. Raphaël la pria de choisir une toile pour la remercier de nous donner les clés de son chalet. Elle était là, assise, le menton appuyé dans ses mains. Elle choisissait une œuvre que Raphaël avait créée pour moi, à travers moi. Je la détestai. Je détestai Raphaël.

Quand elle fut partie, il me demanda pourquoi je n'aimais pas cette fille. Puis, il ajouta que des histoires de bonnes femmes il en avait connu d'autres avant moi. Il me rappela qu'il avait été marié, qu'il avait eu des maîtresses. Qu'il avait eu des enfants avec toutes ces femmes et qu'il serait bon que je m'assouplisse un peu.

J'imagine que le seul être qui aurait pu m'expliquer Saint-Jean-de-Luz et mes sept années aux côtés de Raphaël, aurait été un grand-père. S'il avait existé quand j'étais petite, j'aurais grimpé sur ses genoux, j'aurais bien calé ma tête contre sa barbe, et j'aurais écouté. Sans doute, j'aurais été sa préférée et il m'aurait fait croquer un morceau de sucre à peine trempé dans un alcool blanc. Il aurait été un beau grand-père un peu cosaque et m'aurait dit : « Viens ici Douchka, ma petite âme, toi aussi tu connaîtras des hommes ! » Et voilà, avec son grand mouchoir il aurait essuyé mes larmes et m'aurait remise vivement par terre. Nous aurions ri et tapé dans nos mains en les croisant à chaque fois.

Ce grand-père-là m'a manqué, car personne à sa place n'aurait eu le droit de me dire que j'aimerais plusieurs fois.

La chambre de la Bastille est obscure. J'y rentre toutes les nuits après mon travail d'ouvreuse. Il n'y a ni chauffage ni électricité. Juste un filet d'eau sur un lavabo.

Il me semble que momentanément la vie m'oblige à marcher à quatre pattes.

Quand j'y pénètre, j'allume une bougie. La flamme me console. Je suis presque heureuse de me trouver quelque part. Des fils d'électricité pendent du plafond. Quelques briques s'empilent dans un coin comme si on avait commencé des travaux qu'on aurait abandonnés tout de suite. De grandes taches d'humidité auréolent les murs.

Me regarder dans le vieux miroir me rassure. J'y trouve la confirmation que c'est bien moi qui suis là comme en disgrâce. Déportée.

Zéro degré. Je garde mon manteau. Je me couche habillée. Toutes les nuits le visage des enfants m'obsède. Je les vois dans un jardin plein de soleil. J'imagine que j'arrive et que je les appelle. Elles se jettent dans mes bras, mes vigoureuses petites plantes. Il y a six mois que je ne les ai vues. Toutes les nuits je rêve que je viens les chercher et qu'elles sont là, à portée de ma main. Je crois entendre des pleurs, je suis sûre qu'elles m'appellent aussi. La plus jeune a deux ans, l'aînée en a sept.

Six mois se sont passés depuis ce voyage que j'ai fait avec elles en Provence...

Je revois le couloir du train, le compartiment, leurs mains que je passais à l'eau de Cologne avant de leur donner à manger. Par la vitre baissée, l'air était doux. C'était le plein été. « Débrouille-toi », avait dit Raphaël... Pour combien de temps devrai-je les abandonner ?

Je n'arrive pas à mettre d'ordre dans les mots. La nuit je griffonne des phrases qui me révèlent des choses sur moi que je ne connaissais pas. Le jour, je les recopie. Je me sens pauvre quand je n'écris pas. Les pierres, les murs ont pour moi beaucoup d'importance. J'ai envie de les frotter, de les polir, de les gratter, de leur sculpter des milliers d'oreilles, de bouches, de nez, mais pas de sexe. Je ne saurais dire pourquoi. Par contre, un poisson leur tiendrait lieu de sexe, l'œil d'un vitrail serait leur anus. La pierre est triste, je crois, si on ne sait la baiser sur les lèvres. Il ne faut pas craindre de s'accoupler avec elle pour descendre aux enfers. La pierre grince, chante ou gémit. Sa mémoire s'éveille et nous précipite vers d'autres mémoires. Elle se plaint de son anus de vitrail, du poisson sculpté qui lui tient lieu de sexe. Elle nous réclame une position femelle, car mourir c'est devenir féminin. Nous lui prêtons nos organes, nous lui prêtons notre voix. Contre quoi elle nous accorde la mémoire.

C'est à force d'être enfermée entre des murs

que l'envie d'écrire m'est venue. On finit toujours par aimer ceux qui vous enferment, vous étouffent, vous obligent. Dans la crainte d'aimer ceux-là, pourquoi ne pas aimer les murs ?

Je me revois le lendemain de notre arrivée à la montagne. Que s'est-il donc passé que j'ai l'impression d'écrire l'histoire de quelqu'un d'autre ?

J'examinai le chalet de l'institutrice. C'était une vieille bâtisse sur laquelle on pouvait voir une ébauche de restauration : quelques coups de truelle sur des lézardes vieilles de trois cents ans et des poutres neuves pour soutenir un vieux plafond. Mon premier geste fut pour allumer du feu. J'inspectai les lieux avec le ravissement des enfants qui découvrent la maison louée pour les vacances. Une vraie cuisine avec un vrai réchaud à gaz, une vraie chambre avec une fenêtre s'ouvrant sur une prairie pleine de moutons qui agitaient leurs clochettes et grimpaient par un sentier jusqu'en haut de la montagne. Des moutons, c'est rempli de moutons, et bien sûr il y a des agnelets et le bruit étourdissant des clochettes toute la journée. Et le soleil sur le lavoir où j'irai laver mon linge dans la bonne eau froide qui réveille et me fait rire en m'éclaboussant. Le soleil est là aussi, blanc et glacé, un vrai soleil de montagne qui se cache brutalement derrière les grands sommets vers quatre heures de l'après-midi. Alors soudain s'étend une ombre sur la vallée, une fraîcheur violette descend sur les calvaires. C'est comme une grande aile qui passe en obstruant le ciel et je crie du pas de la porte vers la silhouette de Raphaël, « Ohé ! Ohé ! Ton tricot ! » Et j'entends comme dans une autre vie ma mère qui nous criait : « N'oubliez pas vos tricots ! » Je cours vers lui à toute allure, son tricot rouge à la main. En ouvrant je ris, à cause des paroles que me renvoie l'écho, à cause de l'air qui me saoule et me fait avancer en zigzag.

Nous passerons l'hiver ici dans ce petit hameau perché. Raphaël y peindra pour préparer une nouvelle collection. Avec ce qu'il nous reste de toiles, nous organiserons une exposition dans une ville voisine, chez un libraire qui a transformé son arrière-boutique en galerie d'art.

Nous avons l'impression de mériter ce repos. Raphaël peint le jour et la nuit et s'arrête quand il en a envie. Nous n'avons pas de montres, pas de calendrier. Le soleil est déjà haut quand nous nous réveillons le matin. Nous sommes coupés du monde. C'est le grand silence. Il me faut toute une journée pour composer un bouquet... Nous scions du bois, nous achetons du lait et du fromage dans l'unique ferme du pays. Le matin, j'accroche à la crémaillère un pot d'émail rempli de légumes qui cuisent jusqu'au soir. Ce petit bruit de bouillon qui mijote toute la journée me rassure. J'ai l'impression de faire des choses importantes. Lorsque je quitte la maison, c'est pour aller cueillir les dernières fleurs d'automne. Je pars avec mon enfant ficelé dans mon dos et bien maintenu à l'aide d'une écharpe que Raphaël m'aide à nouer. Ma petite fille dort le long de la course, et moi j'ai les deux mains libres pour ramasser les trésors de l'arrière-saison. Je me munis toujours d'un miroir pour vérifier si derrière moi tout se passe bien. Il me renvoie sur un fond de nuages l'image d'une petite boule chaude dont les joues dodelinent doucement à chacun de mes pas, plus roses que le ciel qui rosit sur la montagne. Je ne croise personne sur ma route et je dis tout haut des choses dont je ne me souviens pas au retour. Je crois que ce sont des prières avec des phrases toutes défaites où je demande qu'on me console, mais je ne sais pas de quoi. Ce qui est sûr, c'est que je demande à chaque fois, sans vraiment le formuler : « Faites qu'on ne se quitte pas ! » Je prie pour cela, pour ne pas quitter Raphaël. Je jette ces mots très vite au terme de la promenade, là ou je suis arrivée au plus haut sommet, et je m'en retourne, effrayée par les conséquences que pourrait déclencher ma prière. Par exemple, une voix qui tomberait du ciel et me poursuivrait comme une avalanche jusqu'à mon retour à la maison, ou un orage qui éclaterait soudain tout là-haut et que j'interpréterais comme un signe : On ne dérange pas impunément le divin. Quand j'arrive au point qui me semble le plus haut et qui n'est qu'une colline surmontée d'une croix, je tremble de recevoir quelque révélation sur mon destin. C'est plus fort que moi, il faut que je grimpe jusqu'en haut et sitôt arrivée je prends mes jambes à mon cou et dévale en un temps record le chemin abrupt que j'ai mis tout ce temps à escalader. J'ai l'impression d'avoir approché des sphères interdites et que toutes sortes de divinités vont me tomber sur le dos.

Quand apparaissent les toits du village, j'arrête de courir, je reconnais celui de notre maison avec sa cheminée qui fume. Je me rassure et reprends mon pas tranquille. La position du soleil m'indique qu'il est l'heure de rentrer. J'évite de regarder les nuages dont les formes m'inquiètent et semblent me poursuivre jusqu'à la maison. J'y lis toutes sortes de menaçants présages. Je sais que ce soir je me perdrai dans le déchiffrage des fissures du plafond et qu'en plus je serai fascinée par une araignée qui pend au bout de son fil. Pauvre Raphaël qui partira tout seul sur la vague...

Il sent que je ne suis pas là. Pour m'éveiller il glisse sa tête entre mes cuisses, et j'attrape sa crinière en la faisant remuer doucement pour que sa langue passe là où cela me fait du bien.

L'araignée descend sur son fil. Je veux jouir avant qu'il se casse et qu'elle tombe sur notre lit. Mais elle remonte, tirée dans les airs par une mystérieuse poulie. En plein cœur de sa toile s'est pris un insecte. Je ne les quitte pas des yeux. Comment dire à Raphaël ce qui se passe au plafond ? Mes mains sont devenues glacées et se crispent sur ses cheveux. Là-haut, l'araignée s'est accouplée avec sa victime, elle lui aspire toute sa substance de vie. Ce qui m'effraie, c'est la muette agitation, la sourde digestion dans ce velours monstrueux. C'est un cri que je voudrais entendre pour qu'il y ait des limites au martyre de cette bestiole. Après le cri, il n'y aurait plus rien et je saurais que c'est fini. Il y aurait le silence. Mais le silence après le cri, c'est la dimension du silence retrouvé. Remonte dans mes cheveux, rassure-moi pendant que l'araignée digère. Tu vois que je suis petite encore, puisque j'ai peur. Je t'en prie sache me prendre, ne me manque pas une seconde fois. Sois patient. D'abord des baisers secs, je veux que tu m'effleures à peine et que tu me fasses attendre. Ne hâte pas cette douce progression, car bientôt je serai folle d'impatience et réclamerai qu'à mes oreilles ta salive sécrète des cocons. Oui, continue, j'aime cette humidité de larve où se défripent des milliers de papillons qui me fouettent de leurs ailes violentes. La pluie aussi redouble de violence contre les volets. Je suis sûre que le gave déborde de son lit, je voudrais y tremper mes pieds et lutter contre le courant. Sans doute est-ce une nuit noire dont je n'ai à craindre ni la noirceur ni la beauté. Laisse-moi te convertir à mes folies, allons nous battre sous l'orage et roulons-nous sur la terre mouillée. Tu glisseras dans mes bras comme un arbre détrempé... Après ce sera la bonne couverture chaude, le feu de bois et nous nous endormirons paisibles jusqu'au matin.

L'hiver approchait, le premier hiver que nous aurions à vivre ensemble. Ce fut beau, n'est-ce pas, ce cristal qui descendit sur la montagne et nous surprit comme des cigales attardées. Je n'oublierai jamais ce froid, la réserve de bois vide et le dernier billet en attente comme un signet dérisoire dans un livre. L'exposition organisée dans la ville voisine ne rendit rien. Par malchance, nous trouvâmes un matin notre voiture prise dans la glace. Le bloc-moteur éclaté, elle devint parfaitement inutilisable. Alors, souviens-t'en, nous lûmes de beaux livres, nous découvrîmes la prière, nous nous adressâmes à un Dieu. Nous chantions des chansons ; les réserves de nourriture diminuaient et nous commencions à faire des rations. La viande, l'huile, le beurre, des légumes frais étaient exclus de nos repas. Seuls restaient le pain, la farine et, tant que nous aurions un peu d'argent, il y aurait encore à la ferme le lait, le fromage, les œufs et les pommes. Bientôt, si nous ne trouvions pas une solution, il n'y aurait plus rien. Nous avions écrit de belles lettres à des amis, envoyé des S.O.S. partout... Nous reçûmes des paroles d'encouragement. Tu écrivis même à la petite institutrice qui sans doute devait avoir des économies. Elle répondit sur-le-champ en joignant à sa lettre un petit billet. Cette période dura plus d'un mois. Les quinze premiers jours, nous coupions notre faim avec un bol de lait, des galettes de farine que je confectionnais et quelques pommes que nous dégustions lentement. Puis nous jeûnâmes sévèrement. Nous avions perdu une dizaine de kilos, mais en quelque sorte nous restions maîtres de la situation.

La réalité pourtant était faite d'un garde-manger vide aux portes ballantes et de quelques champs qu'on pouvait voir de notre fenêtre. Ils étaient parfaitement récoltés et endormis sous la neige. Dans la cave, il n'y avait plus une bûche.

La fermière tous les matins nous livrait un litre de lait qu'elle posait devant notre porte. J'avais le cœur battant au bruit de la charrette qui s'arrêtait. Je ne sais pourquoi la vue de son cheval tiède et fumant me bouleversait comme à l'idée que la chaleur existait encore quelque part. Je crois bien que je serais tombée à genoux dans ce fumier bouillant pour m'y réchauffer les doigts. Avec sa grande jupe pleine de l'odeur de ses moutons, la fermière me fascinait. Elle me fascinait autant que son cheval. Elle apportait avec elle des effluves de bêtes nourries. En bas, dans sa ferme, il devait y avoir des tonnes de son, des tonnes d'avoine. A mes yeux elle était l'incarnation du temps qui passe, de l'heure qui tourne, elle devait ne pas avoir une minute à elle et j'avais tout mon temps. Elle nous livrerait le lait jusqu'à notre départ et nous la paierions à la fin. J'aurais pu lui demander d'autres victuailles, mais, vu la situation, je craignais qu'elle nous présentât la facture plus vite et, devant notre impossibilité à la régler, nous supprimât du même coup le litre de lait quotidien. Je me contentais de lui commander une double ration et plaçais deux pots vides devant notre porte.

Elle passait toujours à la même heure. Je savais qu'il était neuf heures et je regardais monter sa charrette le long du sentier comme une procession avec le soleil de montagne sur les bidons étincelants. Moins quinze dehors, moins quinze dedans. Elle arrive la fermière, elle arrive avec les deux rations et toujours dans sa jupe cet effluve d'excréments des animaux de ferme. C'est fou ce que cette odeur me nourrit, me réchauffe. Elle est la vie même. Tant que nos selles ne sont pas de l'eau et du sang, c'est qu'on est bien portant. Alléluia ! les selles de mon enfant sont jaune d'or, du plus joli jaune qui soit. Il suffit de se rapporter à un manuel de puériculture pour savoir que c'est le baromètre infaillible d'une bonne santé chez les très jeunes enfants. Cécile aura bientôt quatre mois. Elle dort presque toute la journée, enfouie sous un édredon de plumes. Elle est couverte dans la maison autant que pour une expédition polaire.

Il fait si froid que les conduites d'eau ont éclaté sous le gel. Des glaçons se forment sur le haut des fenêtres, à l'intérieur même de la maison. Ce n'est pas une mince affaire pour changer mademoiselle et j'ai mis au point un stratagème qui me permet de le faire vite et bien sans risque de refroidissement pour le précieux petit corps. Le système consiste à m'enfouir la tête complètement sous l'édredon en tenant une lampe de poche entre mes dents. Avec une habileté de Sioux, je défais les langes souillés, souffle, crache, embrasse le petit sexe rebondi. Je farine un peu et hop ! le paquet est fait. Trois minutes se sont écoulées, je sors de là-dessous à moitié suffocante et comme si j'avais gagné. Gagné quoi ? Je n'en sais rien. J'ai pourtant l'impression de gagner la partie, contre le froid par exemple. De toute façon cela ne durera pas une éternité cette histoire. C'est bien ce que je me dis et chaque jour qui passe est un jour qui nous rapproche des jours meilleurs. Pour l'instant l'enfant ne manque de rien et nous, les grands, nous pouvons nous occuper en attendant du secours.

Ecrirai-je d'autres livres ? Aurai-je un jour d'autres mémoires ? Ferai-je des prières encore pour aimer longtemps ? Pour qu'on m'aime longtemps ? Ce n'est pas moi qui étais sur la montagne. Ce n'est pas moi qui aujourd'hui suis sans enfants. Une autre que moi écrit, plus dure, plus vengeresse que moi. Une autre que moi écrit à la bougie dans la chambre de la Bastille. Une autre que moi regarde les cafards sortir des lames du plancher et les tue parfois d'un coup sec. Cette absence, ce travail, cette chambre sont des malentendus. Une autre que moi les assume. L'envie d'écrire est née pourtant dans cette chambre dégoûtante.

Comme aujourd'hui, ce fut novembre sur la montagne et ce fut mon anniversaire. Raphaël tournait en rond. Peut-être se demandait-il ce qu'il pourrait bien m'offrir. Il sortit et revint avec une rose qui fleurissait encore sur un buisson gelé, la dernière sans doute. Nous avions faim. Nous nous déplacions lentement. De sa promenade, Raphaël avait ramené aussi quelques épis de maïs que les paysans avaient abandonnés dans les champs et qui devaient servir à nourrir les animaux. Ils étaient extrêmement durs. Nous les écrasions avec un marteau et mâchions les petits morceaux avec beaucoup de lenteur. Nous en mettions aussi à griller et à bouillir. Quel que fût le mode de cuisson, ils demeuraient toujours aussi durs.

Nous priâmes beaucoup sur la montagne. Sans l'avoir jamais apprise, nous disions la prière du cœur, celle qui se confond avec les battements de cœur. Après la prière nous ne sentions plus notre faim et nous allions boire un verre d'eau. Nous l'entourions de nos mains et pensions que toute l'énergie du monde était concentrée dans cette eau. Nous l'élevions comme un offertoire dans ces gris après-midi de novembre et, chacun à notre tour, nous en buvions une gorgée. Nous prenions là notre nourriture substantielle. Le Dieu auquel nous nous adressions était vivifiant. Il prêtait à cette eau les forces de la montagne et ces forces coulaient en nous.

Le soir de mon anniversaire j'eus envie de chaleur. Je décidai qu'on démonterait une poutre de la maison et qu'on ferait du feu. J'entraînai Raphaël au sous-sol où sans doute avaient germé dans la tête de la petite institutrice de somptueux projets d'aménagements, du genre : « Tiens, si je transformais cette vieille bergerie en salle de jeu tout en lui gardant son caractère rustique d'origine ! » Elle retrouvera sa bergerie plus rustiquement d'origine que jamais.

C'est la fête ce soir ! Ils peuvent venir les jours sombres. Je suis pleine de bonnes idées. Je sens que je vais avoir le courage de laver du linge, rien qu'à l'idée de ce bon feu après pour me réchauffer.

Il fait nuit et quand je sors sur le pas de la porte, avec mon paquet de couches sur le bras, il y a un goût de neige dans le ciel et de gros flocons viennent se serrer autour de moi. Soudainement, j'ai l'impression d'avoir mille ans. J'ai déjà regardé tomber la neige de cette façon-là. Une douceur extraordinaire envahit mes membres, décrispe mes doigts. J'ai le souvenir de quelque chose, mais ma mémoire ne fonctionne pas ; alors je reste immobile dans une sorte de contemplation qui me fait oublier le froid. Je lève le visage vers le ciel et titube tant les flocons qui descendent vite me donnent le vertige. En plus, ils me font rire et le rire me fait tant de bien que je continue à jouer avec eux. Pour cela, il faut réussir à marcher et danser le visage renversé avec les yeux grands ouverts qui regardent le ciel. On peut rendre le jeu plus difficile en pariant sur tel ou tel flocon qui doit tomber au bout de trois dans l'œil droit ou dans la bouche, et c'est un jeu tellement saoulant qu'on n'en peut plus de rire. Mes cils et mes cheveux sont tout étoilés. S'il y avait une bonne fée non loin d'ici, je lui demanderais de garder ces petites étoiles toute ma vie. Je suis sûre qu'elles doivent parer merveilleusement une femme.

A force de danser, j'ai la tête qui tourne et je me sens devenir faible. J'ai dû oublier que j'avais faim. Rouge d'excitation, je cours à la cuisine où il reste du vieux pain, je ne veux pas rompre le charme sous prétexte que j'ai faim. Je ressors à toute vitesse et, sur le pas de la porte, je brandis mon quignon victorieusement vers des témoins invisibles : « Ça y est, j'ai trouvé quelque chose, on peut continuer à jouer ! » Mais le temps que je parte et que je revienne, la neige a viré de bord. Elle tombe désagréablement sur mon quignon qui est tout mouillé. Si elle s'imagine que je vais avaler cela ! Il est tellement mou que je le presse dans ma main et qu'il en sort un jus laiteux, opaque. Une vraie bouillie insipide qui fait floc-floc en tombant. Ce sera pour les oiseaux, je me débrouillerai bien. Je sens que la neige est versatile, moi aussi peut-être. Nous sommes quittes, mais j'aimerais bien ne pas rester sur cette mauvaise humeur. J'ai perdu un repas, mais je n'ai toujours pas froid. Pourtant, je ne porte qu'un mince vêtement de laine et je me suis enveloppé le buste dans une peau de mouton qui sert ordinairement de descente de lit à la petite institutrice. Elle me tient chaud à la poitrine et je suis bien. Je n'ai pas froid. Aux pieds seulement, oui, j'ai les pieds gelés à cause des bottes en caoutchouc que je garde toute la journée. Pourquoi suis-je bien de nouveau ? pourquoi un petit village recouvert de neige est-ce vraiment féerique ? Et pourquoi suis-je envahie d'une joie étrange à l'idée de laver mon linge au lavoir en pleine nuit ? D'où je suis, je distingue à peine son eau sombre et je frémis en songeant que je vais devoir y plonger mes bras jusqu'aux coudes. Je sais que l'eau glacée me saisira tout entière et que j'aurai cette impression que mon cœur peut s'arrêter. Alors, je frapperai mes mains l'une contre l'autre et j'aurai un plaisir fou à sentir le fourmillement de la vie revenue dans mes veines. De toute façon, il faut que je le lave ce linge, alors autant le laver sous le coup de l'inspiration. Je retourne à la maison pour chercher un morceau de bougie, un petit électrophone portatif et un disque dont j'ai envie ce soir : la fugue en *ré* mineur de Bach. Je me dirige avec précaution vers le lavoir ; j'ai peur que Raphaël me surprenne avec tout mon chargement et me demande où je vais et si je ne suis pas folle. Pourvu qu'il reste encore un bout de temps au sous-sol à casser les solives. J'entends des coups sourds, il n'a pas terminé. Quelle joie ce sera ce feu tout à l'heure après l'eau glacée. J'ai envie de célébrer la fin. J'installe le tourne-disque sur le rebord du lavoir et ma chandelle fait un long reflet sur l'eau noire. Pourvu que personne ne vienne me déranger... Doucement, j'économise mes gestes en frottant le linge et je murmure : « C'est la fin, c'est fini, je veux que ça finisse. » La musique m'enchante. Le savait-il, ce musicien, qu'il jouerait pour une femme lavant son linge au lavoir, la nuit ? Je savonne doucement avec tendresse les couches de mon enfant. Demain, je pourrai lui faire une grande toilette et prendre le temps de la vêtir auprès du feu. C'est pour cette raison aussi que je veux du linge propre. Je le suspendrai autour de la cheminée et il sèchera vite cette nuit. Les hommes ne comprennent pas toujours ces choses-là, que nous les femmes aimons parfois plonger nos mains dans de la soie, que nous aimons prendre des allures comme celles des femmes sur les affiches qui font de la réclame. Le « savon untel est plus doux pour les mains ». « Tu crois ? » dis-je à mon reflet qui se trouble et disparaît chaque fois que je rince une pièce de linge. Ai-je toujours l'impression d'avoir mille ans ? Je ne sais plus très bien. Parfois oui, mais très fugitivement. Qu'ai-je bien pu faire durant ces neuf cent quatre-vingts années ? C'est bien dommage d'avoir des trous de mémoire... Puisque c'est mon anniversaire, tout à l'heure je descendrai la petite rue et j'irai jusqu'à la ferme pour demander un gros fromage. J'ai vu qu'il y avait encore de la lumière à travers les volets. Je prendrai le plus gros. Il pèsera bien deux kilos. Ce sera une bonne surprise pour Raphaël.

—

La fermière n'a pas fait de difficulté pour me le donner. Je dois regrimper la petite rue qui mène à notre maison. Mes genoux tremblent et j'ai peine à tenir ce gros fromage des Pyrénées. Le chemin est verglacé, je ne m'en étais pas rendu compte à l'aller et maintenant je n'ai qu'une peur, c'est de tomber avec mon fromage. Pourvu que je ne glisse pas et que le fromage, gros comme un ballon, ne dévale pas la pente. Il risquerait de se perdre dans un taillis, ou pis de rouler jusqu'au ruisseau. Je le tiens contre ma poitrine aussi précieusement qu'un enfant. J'avance lentement vers la maison, mon trophée bien serré dans mes bras. Je me concentre très fort à chacun de mes pas et mon équilibre est si précaire que j'évite même de respirer. J'appuie ma bouche sur la croûte épaisse. Il y a de la bise et j'ai l'onglée. La douleur est telle que je sens des larmes me monter aux yeux. Encore cent mètres et je serai à la maison. La cheminée fume. Raphaël a dû faire le feu. Mon Dieu, cette joie qui remue dans mes entrailles ! Il doit se demander où je suis passée.

Quand j'arrive à la porte, je rassemble mes dernières forces pour tourner le bouton de la poignée. Je pousse le battant du pied et le referme d'un coup d'épaule. Il y a une odeur de vie dans la maison, de bois qui brûle, et on dirait que quelque chose grille aussi. J'ai de plus en plus la certitude que c'est bien moi qui suis là, que c'est bien moi qui ai réussi à grimper le chemin. Je pousse doucement la porte de la grande salle où je vois Raphaël debout devant les flammes avec notre enfant dans les bras. Il manie un tison et active le feu. Sur le grill il y a des côtelettes. Que s'est-il passé ? Un mandat télégraphique vient d'arriver. Des amis viennent de répondre. Ils étaient en voyage quand nous avions envoyé la lettre. Et maintenant voilà, tout arrive le même jour. Je vais pouvoir me sentir un peu faible. Le fromage m'échappe des mains et va rouler aux pieds de Raphaël. Il m'embrasse doucement et pose une couverture sur mes épaules. C'est si rare quand je ressens sa protection que je préfère oublier quand j'en ai envie. Il a coupé le gros fromage et me pose de fines lamelles sur la langue. Je mange dans ses mains comme une bestiole qui n'a plus peur qu'on l'apprivoise et qui grignote en toute confiance sans avoir envie de ranger son échine. Il me tend maintenant un bol de thé que je lappe à petites gorgées. Il reçoit des larmes chaudes sur ses mains. Ce sont les miennes qui coulent librement.

Deux heures avant de partir du village, j'ai encore une de ces bonnes inspirations. J'ai envie d'épouser Raphaël selon des lois qui ne sont inscrites nulle part et que par conséquent rien ne pourra défaire. Je désire que nous nous mariions par le sang, ici sous un arbre. Je suis sûre que Raphaël voudra bien. Le grand arbre dépouillé sera notre témoin, il a comme moi le goût des choses éternelles. Je cours à la maison pour prévenir le futur époux de ce qui l'attend. Je lui parle de mon arbre, car je sais qu'il y sera sensible. La cérémonie ne durera que quelques secondes. Raphaël prépare la lame qui doit servir à pratiquer sur nos poignets la petite entaille et qui nous permettra de mêler notre sang. C'est beau et très grave.

La campagne est toute blanche et nous marchons côte à côte en silence sur les sillons durcis par la neige. Le soleil est si haut dans le ciel qu'on dirait une orange. Nous marchons sous le ciel clair et j'ai l'impression d'être démesurément grande et d'atteindre les nuages. Nous avançons mains dans les poches comme des gens qui partent pour une simple promenade. C'est toujours pour une promenade le chemin qu'on prend. Le jour de notre mort aussi commencera par un matin. Mais pour nous aujourd'hui, quelle chance, la bise nous mord les joues, nous sommes bien vivants, bien essoufflés sous le haut cri du soleil. La bise n'est pas tendre, tout au long de notre course, elle siffle à mes oreilles : « Ah ! tu veux l'épouser, tu veux ce qui est éternel. Tu as peur de le perdre, hein ? Et tu veux te l'attacher par ce lien du sang. Tu es bien une sale bonne femme, va, si on y regarde d'un peu plus près ! » Je me frotte l'oreille pour ne plus entendre cette bise désagréable. L'arbre, lui, ne me parle jamais sur ce ton-là. Vivement qu'on arrive sous ses branches, que je me sente à l'abri des sarcasmes. Pourquoi l'amour est-il sans cesse remis en question ? C'est sans doute une déformation qui naît dans le cœur de ceux qui sont grands et qu'on appelle le doute. Que la bise qui m'a déjà fait pleurer ne me dise pas le contraire. Je ferai tout pour garder Raphaël. Je ne le trahirai jamais. Mes forces et ma chance lui appartiennent. Ici même, en foulant avec lui ces terres de labour qui dorment sous leurs paillettes et que rien ne dérange, je fais le serment de lui consacrer ma vie afin qu'il soit délivré. Délivré d'un cercle de malchance qui l'a poursuivi jusqu'ici. Je sais que notre rencontre est un cataclysme et que je peux être un facteur positif qui l'aidera à réaliser. Je désire l'aider à construire. Je veux bien qu'il se serve de cette force qui m'habite. Je veux bien lui servir de filtre. Les choses mauvaises qui l'atteignent seront arrêtées par moi. Il n'y a pas d'explications à fournir, il n'y a pas d'analyses à produire car il s'agit du miracle de certaines rencontres. Je veux bien payer pour cela. Contre son amour, j'échange ma chance.

Nous sommes bien dans ce grand silence et n'éprouvons pas même le désir de nous donner la main. En faisant ce chemin, je sens que j'ai la tremblote au cœur. J'ai le pressentiment brutal qu'ensemble nous réussirons quelque chose et qu'après nos routes se sépareront. C'est un horrible pressentiment que je m'efforce de chasser comme un mauvais rêve. Je me vois aussi comme une femme tombée dans un puits et qui ne peut plus remonter car les parois sont lisses. Je sens qu'un jour, je connaîtrai un trou noir parce que j'aurai été trahie. Je sens aussi que je sortirai seule de ce puits, et que je retrouverai ma chance, une fois que j'en serai sortie. Cette impression est si forte que je me saisis de la main de Raphaël. Je l'embrasse avec passion. Je parais petite à ses côtés et j'aime bien avoir son bras autour de mes épaules. C'est comme une protection que j'ai l'impression de mériter, moi qui suis sa mascotte, comme il le dit parfois. Chemin faisant, je m'aperçois que certains sillons sont remplis de minuscules cadavres d'oiseaux gelés. Je m'en suis rendu compte en sentant un petit craquement sous mes souliers. J'en avais écrasé un en marchant, et ce petit bruit d'os qui casse m'a poursuivie pendant un long moment de notre promenade. Il me rappelait la cassure nette des choses. La fragilité d'être. Les champs étaient remplis d'alouettes tombées en poussière. Elles ne crieraient plus comme des folles dans la lumière du matin. Je pense à la chair de Raphaël, pense-t-il aussi à la mienne ? Son sexe doit être tout rapetissé avec cette bise glaciale. Vais-je l'embrasser tout à l'heure après la cérémonie ? Sans doute qu'un homme ne dit pas souvent non pour ces choses-là. Mais je ne le ferai pas, car ce n'est pas vraiment utile et puis, c'est notre mariage spirituel que nous venons célébrer sous l'arbre.

Le voilà ! Il apparaît au détour d'un buisson et je pointe l'index vers ses prunes gelées. C'est un noir prunier avec des améthystes à ses branches. A son pied aussi on a renversé des pierres précieuses. « Tu vois, Raphaël, comme il est beau ! » Autour de nous, tout étincelle et nous tombons à genoux. Chacun fait une incision à la veine de son poignet gauche et nous les unissons pour mélanger notre sang. Nous ne disons rien. Nous nous recueillons avec notre front appuyé contre l'arbre et notre bras droit enserrant son tronc. Nous comprimons nos poignets de toutes nos forces et j'espère secrètement qu'une goutte de sang tombera sur la neige. Ce serait beau et puis cela me donnerait la certitude que c'est bien moi qui suis là, Marie qui célèbre avec Raphaël notre mariage selon le rite gitan. Il m'aide à me relever et pose sa langue sur l'entaille de mon poignet, je pose aussi mes lèvres sur sa blessure afin d'y recueillir la dernière goutte de sang. Midi sonne et nous nous envolons comme des moineaux après avoir fait une ronde autour de l'arbre. Nous dévalons le chemin en sautant d'allégresse, nous poursuivant comme des gamins et manquant de nous tordre les pieds à chaque pas. Nous jetons dans les airs nos vieux bonnets, nos écharpes et c'est au premier qui les rattrapera et nous nous cognons en riant. Nous sommes bouillants de joie. En bas, nos affaires sont prêtes. Il sera bientôt treize heures. Un taxi nous attend.

Je quitte la chambre de la Bastille pour aller dans le métro. J'ai peur. Certains jours, les couloirs du métro m'angoissent au point que je me sens en danger. Je n'y vois que lippes pendantes, morceaux de chairs grises. Je sens que des mains veulent me happer.

Dehors l'automne est tiède. En une nuit les arbres ont perdu leurs feuilles. Au travers de leurs branches, je vois des immeubles que je n'avais jamais vus. C'est gris, mais ce n'est pas triste. C'est un gris frémissant comme une aile de pigeon. C'est gris contre gris. En traversant la rue, il me semble que je me suis déjà enfoncée dans ce gris. Je ne sais plus où. Je vis une répétition. La répétition d'une couleur, d'une lumière. Ma mémoire s'arrête là. On me décapite. C'est très proche d'une caresse, mais la blessure n'est pas loin. Je me rappelle le temps où je donnais la main pour traverser. En donnant la main, j'étais reliée, j'allais vers une bonne nouvelle. Qui donne la main à mes enfants pour traverser ? Quel sera le prix de mon balcon au-dessus des arbres ? Qui aura ramassé les boules de terre que je pétrissais et laissais derrière moi pour marquer mon passage ? Il faut être à moitié mort dans le temps présent pour écrire sur le temps passé. Il faut regarder le cadre des portes et des fenêtres devenir horizontaux et violets. Il faut devenir pierre dans le mur. Il faut imaginer soudain que jamais on n'atteindra ce balcon dans les arbres, que jamais on ne prendra des écureuils dans ses bras, que jamais on ne ressaisira les mains des enfants. A force d'être violettes, les embrasures des portes m'obligent à écrire. Je suis obligée de passer au travers de cette couleur pour retrouver la vie, les heures d'autrefois. Je me demande si mon destin ne sera pas de retourner plusieurs fois dans des chambres pareilles à celle de la Bastille. Il ne peut y avoir que moi et l'écriture dans ce lieu. Ecrire, c'est avoir grand souci de sa mort. Où que je meure, c'est la chambre de la Bastille que je reverrai, comme ce sera toujours de cette chambre que j'écrirai.

Quelques semaines après, nous nous retrouvons sous une tente sur la Côte d'Azur. Un couple d'origine russe nous recueille. Nous plantons notre tente dans ce qu'on pourrait appeler leur basse-cour. Ils élèvent des pigeons. Nous sommes entourés de volières et de clapiers. Nous prospectons la région comme nous l'avons fait pour Saint-Jean-de-Luz.

Un soir, Raphaël lit et relit une lettre. La petite ampoule jaune qui se balance au-dessus de nos têtes éclaire son visage. Ses traits se décomposent. Je n'ose même pas lui adresser la parole. Je reste couchée, les yeux grands ouverts sur le bleu de la tente qui est si petite que la toile du double toit me tombe sur le nez. Cécile dort dans son coin dans un duvet tout neuf, chaude comme un poussin.

D'un coup d'œil circulaire, j'ai vite évalué le champ de bataille. C'est plutôt restreint. Je pressens que je vais apprendre une nouvelle qui va m'arriver comme un coup de massue sur le crâne et je m'y prépare. Il y a des choses comme cela que je m'exerce à méditer. Des choses atroces qui me font me demander à quoi je penserais si j'étais face à un mur d'exécution. De savoir tous ces fusils dans mon dos, est-ce que je n'aurais pas envie de me retourner et de crier moi-même: « Feu ! » Une chose est sûre, c'est que je préfère déclencher les offensives la première. Il faut être en état de réceptivité et savoir que le pis peut arriver.

Raphaël a toujours l'air aussi buté devant sa lettre. Comme il la lit devant moi, je me crois autorisée à lui demander ce qui ne va pas. Je connais ses réactions, je sais qu'il me jettera la lettre à la figure.

Il la laisse tomber et sort dans la nuit.

(Au moment où je l'avais rencontré, Raphaël avait deux femmes dans sa vie, une légitime dont il était en instance de divorce et qui avait de lui deux enfants, une maîtresse avec laquelle il se battait et dont il avait également un enfant. Aucune de ces femmes ne désirait le voir peindre. Le problème était que Raphaël ne pouvait subvenir aux besoins de ces deux foyers. Et le problème était surtout que Raphaël ne m'avait jamais exposé la situation très clairement. Il désirait ne jamais rendre de comptes et l'idée de ces deux femmes qui semblaient l'attendre sans cesse me gênait.)

J'avance la main et défroisse la feuille de papier en tremblant. C'est la maîtresse qui écrit et j'affronte la fine petite écriture bleue. J'affronte aussi des mots qui ressemblent à ceux du courrier du cœur. Il y a là tout le condensé des choses de la vie, mille fois vécues, mille fois écrites : « Je regrette notre instant d'abandon et d'avoir été si faible. Je dois te dire que je suis enceinte. Naturellement je sais que je ne devrai compter que sur moi pour me débrouiller. Quand reviendras-tu à Paris ? Ta fille ne cesse de te réclamer... » Je ne peux lire davantage. Tout me paraît terne, sale. Je me sens trahie. Je me souviens que lors de notre séjour à Paris je l'avais incité à revoir ses enfants. Il manquait de courage, car il arrivait chez elles les mains vides. Pouvais-je deviner qu'il lui était impossible de voir ses enfants sans coucher avec leurs mères ? Et en plus sans les mettre enceintes ? Les choses ne finiraient donc jamais avec lui. Raphaël devait avoir une bonne dose d'irresponsabilité. Il avait donc laissé deux foyers et son remords se traduisait en attitudes brutales à mon égard.

La lettre me glissa des mains, je me sentis devenir convalescente. Je ne pleurai pas. Je n'eus rien envie de lui dire. Il y eut seulement une odeur douce, un peu écœurante de fleurs d'oranger. J'entendis les cigales. J'entendis les crapauds. C'était leur saison d'amour. On pense toujours qu'on va crier, que nos jambes flageoleront. Mais non. Rien. L'ampoule jaune me piqua les yeux. Je me demandai bien où il était allé par cette nuit tiède. J'eus envie qu'une vieille dame très gentille et qui connaîtrait toute la vie se penche sur moi et remonte mes couvertures. J'eus envie qu'elle me caresse le front et qu'elle me dise de dormir et, que par sa seule parole, je m'endorme pour cent ans comme dans les châteaux enchantés. C'est sans doute pour cette raison que je sentis des odeurs de tisane et que j'entendis des bruits de petites cuillers qui remuaient doucement au fond des verres, c'était la bonne fée de mon enfance qui passait et me mettait un voile sur les yeux.

Maintenant mes larmes coulent et je prie pour m'endormir très vite, comme avant. Je ne veux plus ressentir cette douleur.

Je suis réveillé par le bruit de la fermeture Eclair. C'est Raphaël qui rentre un paquet de Gauloises à la main. J'ai l'impression d'être devenue muette. Il se déshabille et, tout en se glissant dans son duvet, il me lance : « Et si tu veux le savoir, le même jour, j'ai couché avec les deux ! » Et il éteint la lumière. Quelque chose en moi est cassé. Toute la nuit, je reste les yeux grands ouverts.

Le premier janvier 1965, nous partons pour la Suède. Il neige.

Durant l'été, sur la Côte d'Azur, les seuls clients de notre atelier furent de riches Suédois. Ils nous avaient acheté trois toiles après les avoir fortement marchandées. Si nos périgrinations nous amenaient dans leur pays, avaient-ils dit, nous n'aurions qu'à leur faire signe. Ils nous présenteraient à des amis, qui, sans doute, auraient envie de nous acheter des toiles.

Notre voiture semble en état de marche. Nous l'avons bourrée de tout ce que nous possédons. Nous avons juste assez d'argent pour mettre l'essence jusqu'à Stockholm et payer le passage des bacs. Une fois arrivés, il nous restera trente francs. Pendant trois nuits, nous dormons par moins quinze degrés, enroulés les uns aux autres comme une grappe de bêtes qui veulent se tenir chaud. La petite a un bon duvet de plumes. Parfois j'approche mon oreille de sa bouche pour écouter sa respiration.

La nuit est traversée d'éclairs jaunes et blancs. Les chasse-neige nettoient l'autoroute allemande et les parkings où nous nous arrêtons sont entourés d'énormes murs de neige sale.

La mer Baltique est d'un bleu glacial qui attire et donne envie de plonger jusqu'au royaume de la Petite Sirène. Je pense à elle. Je suis sûre qu'elle se lamente toujours.

Quand nous arrivons à Stockholm, c'est le début de l'après-midi. Il fait déjà nuit. Maintenant que nous sommes obligés de nous extirper de la voiture, nous nous rendons compte à quel point nous sommes peu couverts. Je fais quelques pas sur le trottoir et manque de glisser. Je me dirige vers un jeune homme barbu qui nous observe depuis un moment. Il est français. Il m'explique que la petite ville que nous cherchons est à deux cents kilomètres d'ici. Il nous offre l'hospitalité. Cela lui fera plaisir de discuter avec des Français.

Il s'appelle Alphonse Bidou. Il est architecte. Lorsque nous arrivons à son appartement situé dans une belle rue de Stockholm, je manque m'évanouir tant l'odeur d'urine, de vieux linges et de matières en décomposition est insoutenable. Je propose d'ouvrir les fenêtres. Il s'y oppose. Il nous raconte encore que sa femme est partie avec ses enfants, il y a de cela six ans, et que depuis ce jour il n'a voulu toucher à rien. Nous sommes ici dans un sanctuaire. Alphonse Bidou collectionne les boîtes vides, les emballages et ne jette jamais un journal. Il a deux pièces entièrement remplies de boîtes de conserve, vides et pleines ; il y a aussi des vases de nuit avec au fond les couches de ses enfants. Elles sont tombées en poussière. Rien n'a bougé depuis six ans.

Alphonse prépare une omelette, mais nous n'avons pas faim. Il aime tellement les œufs qu'il en a des centaines dans un placard. Ceux-là ont quelques mois d'existence. Nous avons de moins en moins faim.

Puis nous nous couchons sur des couvertures raides de crasse et de taches douteuses. Alphonse s'est assis en tailleur sur son lit. A son chevet il allume une petite lampe qui donne une lumière tamisée. On dirait qu'avec la nuit cet étrange personnage se désincarne. Il pousse des soupirs dans le silence et continue d'étaler de la margarine sur des toasts avec un énorme coutelas. Je l'observe à la dérobée, puis je me rassure en me disant qu'il a bien le droit de se faire des tartines toute la nuit. Soudain il éteint et toute la pièce apparaît dans une clarté bleutée qui est celle de la lune. Alphonse Bidou se met à rôder dans la pièce avec des gestes de somnambule. Tout d'un coup je crains pour l'enfant et me soulève sur un coude, tous mes muscles tendus, prête à bondir. Alphonse se dirige vers le cabinet de toilette, j'entends des gémissements étouffés. Lorsqu'il en sort, il a peine à reprendre son souffle et continue de se masturber en avançant vers notre lit.

Le lendemain, nous pûmes tout de même considérer Alphonse comme une providence. Il nous pria d'accepter un peu d'argent pour continuer notre route et nous aida dans nos recherches. De chez lui, nous téléphonâmes à nos clients qui nous dirent qu'ils nous attendaient et que nous serions les bienvenus.

Quand nous arrivâmes dans la petite ville, les Köpa nous attendaient en grande pompe. Le premier contact fut très mondain. Poignées de main dans le hall. On aurait dit une délégation qui en recevait une autre, et la femme couverte de fourrures s'exclama sur l'originalité de ma tenue : décidément, il n'y avait qu'à Paris qu'on s'habillait bien. Nous étions invités pour le lendemain soir. Notre vrai travail allait commencer. Pour l'instant, nous n'avions qu'une idée : dormir.

Cette première nuit à l'hôtel, nous la prîmes comme une douceur du destin. Enfin nous pouvions récupérer de cinq jours de voyage. Nous pouvions allonger nos membres et nous détendre sans être éblouis par les phares des camions venant se garer à nos côtés dans les parkings.

Avant de me glisser dans les draps, je ne pus m'empêcher de me recueillir un instant près du lit où dormait la petite. J'étais rassurée de voir que sa bouche ne s'appuyait plus contre la vermine et que son corps habitué à la rude reposait sur un vrai matelas. J'aurais pu rester des heures à la regarder dormir, à contempler ce petit monstre de résistance.

Je me trouve bras nus dans une pièce, le corps parfaitement détendu et je ne sais même plus si c'est bien vrai. Réapprendre la douceur sur sa peau fait une trêve. Ne plus lutter contre le froid... A cause de cette nuit qui dénoue mes membres raidis, je n'ai pas envie de retenir mes larmes. Je touche mes bras. Je suis étonnée de les sentir tièdes. Je retrouve mon corps comme une consistance, comme une pesanteur oubliée. J'erre dans la pénombre et vais jusqu'à la fenêtre pour regarder le paysage suédois endormi sous la neige. C'est une neige dure. Tout au loin un lac gelé avec des végétaux cristallisés dans la glace et plus près des tronçons de rails sur lesquels des wagons semblent s'être arrêtés pour l'éternité. Parfois, au loin, un signal lumineux. Sans doute une route qui passe et s'enfonce dans la forêt de sapins. Rien n'est opaque... C'est d'une glaciale transparence... Un horizon qui ne tremble pas. Rien ne s'estompe jamais. Le moindre oiseau s'il se posait attirerait l'attention à des kilomètres. Pur et ferme, voilà ce qu'est le paysage suédois sous la neige. Dans les quelques maisons que je vois, chacune avec son jardin, dispersées comme des couronnes de sapin sur la neige, on sent qu'il doit faire bon vivre. Moi aussi, je suis dans une maison. C'est étrange, cela ne me semble même pas normal qu'il puisse y avoir un peu de bien-être dans notre vie. Tout me paraît encore si loin d'être gagné. Je reste là à contempler ces fenêtres illuminées qui donnent l'impression qu'on peut être reçu quelque part. Il y a plein de vie dans ces maisons. Que font-ils ? Que mangent-ils ? Peut-être aimeraient-ils nous acheter des tableaux ? Que la vie serait bonne si nous pouvions en vendre un de temps en temps. J'ai bien envie d'ouvrir la fenêtre pour voir à quel point il fait froid. Ce serait pour mesurer la réalité. Pour me mettre dans la tête qu'aujourd'hui est un accident et que demain nous pouvons recoucher dehors.

J'ouvre la fenêtre et reçois le froid en pleine poitrine. Un souffle glacé circule et je reste là, immobile à le défier. Devant cette ouverture sur le froid polaire, je retrouve ma combativité et je fais le serment que nous nous en sortirons. En refermant la fenêtre, j'ai l'impression de m'être trempée dans quelque chose d'indéfinissable, de m'être rebaptisée, d'avoir rallié à mon appel des éléments. J'ai l'impression d'être invulnérable et de posséder des pouvoirs qui me protègent.

Je fais un dernier tour dans la chambre pour regarder l'homme et l'enfant endormis. En fait, les deux sont des enfants. Il n'y a rien de plus innocent qu'un homme qui dort. On ne peut plus avoir de griefs contre un homme qui dort. Donc, n'y pensons pas. La nuit est douce.

Comme dans la chanson, le lendemain, nous étions souriants, mais pas très à l'aise pour marcher dans la neige avec nos petits souliers. Nous voulions voir un peu à quoi ressemblait cette bourgade suédoise. Et surtout, c'est la faim qui nous poussait dehors. En fait, nous nous étions levés fort tard et voilà que déjà il refaisait nuit. Nous nous couvrîmes aussi bien que nous pûmes et je pris la petite dans mes bras, car elle non plus n'était pas équipée pour affronter le froid. Elle n'avait pas de chaussures et je lui avais mis plusieurs paires de chaussettes. Raphaël avait sur le dos le manteau d'un grand-oncle décédé. C'était tout à fait démodé et grotesque, mais grâce à sa haute taille et un certain port de tête, il avait l'air d'un roi rescapé d'un jeu de cartes qui aurait flambé. Et moi, peut-être que j'étais la dame rescapée, elle aussi, haute en couleur avec mon châle d'été folklorique sur les épaules. Heureusement les trottoirs étaient balayés et nous pouvions marcher sans que nos pieds s'enfoncent dans la neige. Avec le dernier argent qui restait je décidai d'acheter une paire de chaussures à ma petite. Je choisis des bottes blanches avec des motifs lapons. Nous n'avions rien mangé depuis l'omelette d'Alphonse. J'achetai du lait et des céréales pour Cécile et ne pus m'empêcher de choisir pour nous un énorme poisson qui marinait dans un tonneau avec toutes sortes d'herbes odorantes. Il n'était pas cher et représentait le type idéal de nourriture clandestine à consommer dans une chambre d'hôtel. La marchande m'expliqua quelque chose et je crus comprendre qu'elle me félicitait sur mon choix, que ce poisson était bon. Maintenant, c'était fini, nous n'avions plus un centime et je trouvais cela euphorisant. Voilà qui décuplerait mes facultés de persuasion, ce soir chez les Köpa.

En rentrant à l'hôtel, je fis chauffer le lait de Cécile sur des plaquettes de méta et lui donnai sa bouillie qu'elle avala avec appétit. Ensuite, je m'évertuai à couper une tranche de poisson au-dessus du lavabo. Nous avions hâte de goûter cette spécialité suédoise, et surtout nous avions faim. Je n'arrivai pas à le couper en tronçons, aussi je mordis à belles dents dans le ventre qui me semblait une partie charnue et fort appétissante. Je m'attendais à retrouver le goût du hareng mariné mais je dus recracher le morceau, tant la saumure me brûla la langue. Ce poisson était immangeable. Et Raphaël faisait la tête. Il dit que c'était de ma faute et que je n'avais pas besoin de faire la maligne en achetant un bestiau de la sorte qui trempe dans une mystérieuse marinade. J'étais aussi déçue que lui parce que je l'avais trouvé beau ce poisson flottant dans le jus âcre du tonneau et tout emmêlé d'herbes vertes. J'en avais envie parce qu'il me rappelait la mer Baltique et toutes ses légendes. Maintenant, il gisait au fond du bidet où je prétendais le faire dessaler. Pour calmer Raphaël qui n'était guère patient dans ces cas, je lui avouai que c'était pour le phosphore aussi que je l'avais choisi. Voilà, c'était cela. Pour le phosphore. Je mourais d'envie que nous nous gavions de phosphore... et ce poisson m'était apparu fort phosphorescent... et... euh ! Voulait-il que je lui révèle certains de mes secrets diététiques ? Je lui sautai dessus en murmurant à son oreille « phosphore... phosphore... » et j'obtins la plus belle des érections ! Alors je l'entraînai derrière le double rideau, l'y enroulai et nous fîmes l'amour. Debout, dans l'attitude du passeur qui porte une femme pour l'aider à franchir la rivière et lui demande de bien serrer ses jambes autour de ses hanches afin de ne point se mouiller les pieds.

Le téléphone nous tira de notre extase. Je dus redescendre en plein milieu de la rivière et me mouiller les pieds. « Allô ? » C'était les Köpa, Madame Köpa. Elle me dit qu'une voiture passerait nous prendre d'ici deux heures pour nous conduire à la petite soirée qu'elle organisait chez elle. Je reposai le récepteur et décidai qu'il était grand temps de nous apprêter. Dans un lange de laine, je taillai une robe chasuble pour Cécile et la surjetai avec du fil rouge et vert rappelant les motifs lapons brodés sur ses bottes. La petite était fort présentable et son regard malicieux faisait le reste. Raphaël était occupé avec le nœud de sa lavallière et moi je me mettais du rouge aux pommettes et enroulais de papier scotch la pointe de mes talons éculés.

La route qui menait à la maison des Köpa s'appelait la « rue dorée ». De part et d'autre s'étalaient des maisons tout en verre et de plain-pied, immensément longues et basses, comme rampant sur la neige. D'autres faisaient un cercle autour d'un arbre. Toutes étaient si merveilleusement éclairées qu'elles projetaient une lueur rose sur la neige. J'eus l'impression d'arriver dans un endroit enchanté où la misère n'existait plus. Tout était beau, harmonieux et cela me semblait naturel. Je regardais ces maisons avec des yeux d'enfant. Je n'associais pas le Beau et l'argent.

Au sommet de la colline se dressait une maison plus grande que les autres avec de larges baies vitrées, si lumineuses qu'on aurait pu croire qu'il y avait le feu à l'intérieur. Nous étions arrivés chez les Köpa. Avant de sortir de la voiture, je respirai à fond pour qu'on ne voie pas que j'avais froid. Je préférais qu'on mette sur le compte d'une extrême fantaisie cette façon que j'avais de me couvrir si peu l'hiver. Je savais qu'il fallait paraître drôle avec les gens si je voulais que nous ayons chaud l'hiver prochain. Par moins trente degrés, il ne fallait pas craindre de rester deux minutes à moitié nue devant leur porte.

Au travers de la vitre des ombres s'agitent... Je serre l'enfant dans mes bras, je l'ai enroulée dans une couverture, mais c'est pardonnable. Je prie très fort, de toutes mes entrailles, pour qu'elle ouvre, la maîtresse de maison !... Un peu plus et je me retrouvais comme une gargouille gelée qui tire une méchante langue de glace et qui n'aurait même pas eu le temps d'avoir une histoire. De la musique sort de tous les murs. Des mains courtoises ont fait glisser mon châle. La petite a déjà des bonbons plein la bouche et j'entends le rire de Raphaël, petit rire de contenance pour répondre aux propos du grand directeur Köpa. Il fait bon ici, chaud... Ah ! que la chaleur puisse exister enfin pour nous. Mais ce soir je ne dois pas laisser ce fourmillement gagner mes membres. Braves gens, braves Köpa, c'est le cheval de Troie que vous faites rentrer chez vous. Madame Köpa a la voix haut perchée et un physique de garce des années quarante, style Zsa-Zsa Gabor. Une blonde incendiaire sur le retour d'âge qui économise son sourire dès qu'on a le dos tourné. Elle ne cesse de répéter : « Ah ! Paris... Champs-Elysées... Dior... Champagne... »

Elle me demande de l'appeler Marlène et selon la coutume suédoise de la tutoyer, puis, prenant mon bras, elle me présente à ses amis comme étant la femme d'un grand peintre français. Dans son coin, le directeur Köpa, beaucoup plus réservé, tire sur sa pipe. Ils nous montrent leurs œuvres d'art. Puis nous nous retrouvons un verre d'aquavit dans les mains. Nous sommes à jeun. Je sens l'alcool descendre par petites étapes et me brûler l'estomac. J'ai toute l'initiative de l'entretien et, au milieu des rires et des bons mots, j'arrive à placer ce que je veux : une exposition particulière, Madame Köpa, sous votre bienveillant patronnage. Juste quarante-huit heures. A première vue, elle n'a rien contre cette idée. Elle trouve que ce serait amusant. Simplement, il faut qu'elle consulte son planning. Dans l'immédiat elle part pour Mexico se reposer un peu.

Par la baie vitrée je vois le parc couvert de neige. Il nous faudra sortir, tout à l'heure, après la fête, sans manteau. Elle pose délicatement dans nos assiettes de porcelaine des crevettes enrobées de chocolat. Je croque dans les crevettes. Nous croquons dans les crevettes. Raphaël me regarde avec angoisse. Je lui fais un signe de tête : oui, c'est gagné !

Les Köpa partirent au Mexique. Nous nous retrouvâmes seuls dans notre hôtel. Un soir que nous mangions du pain à moitié salé, à moitié sucré sur le bord de notre lit, on frappa à la porte. J'ouvris et me trouvai en face d'une sorte de géant. Il dit « hey ! » et que son nom était Ralph. Les Köpa l'envoyaient à nous pendant leur absence. Avions-nous besoin de quelque chose ? Oui, il nous fallait une maison pour quelques semaines. Il nous en trouva une perdue au milieu d'une forêt de sapins, à côté d'un lac. Pourrait-il aussi nous avancer un peu d'argent jusqu'à l'exposition ? Oui. Pourrait-il nous fournir de la peinture ? Oui. Il nous présenta un de ses amis marchand de couleur qui commanda pour nous quarante mètres de toile de Hollande et nous pria de prendre deux cents tubes de peinture. En échange, il désirait une toile.

Quand je pense à cette période, je revois les grands lacs gelés, la maison perdue dans la forêt de sapins. Etais-je heureuse ? Il y avait une odeur de pain grillé dans la maison, il y avait l'odeur de la peinture. Mon habitude venait de Raphaël, il était là. Personne ne sait que j'existe dans la chambre de la Bastille. Si je tombais malade, personne ne viendrait. C'est cela la vie sans doute : descendre au fond des caves sans témoin. N'y a-t-il vraiment que sous la terre qu'on peut retrouver la couleur du temps passé ? Et ne perdons-nous pas grand temps à être fatigués ? Que sont ces effritements, ces morceaux de poterie ? J'ai l'impression qu'il me faudra plonger loin pour ramener un peu de terre rouge, un poisson du lac gelé, un visage d'enfant. J'ai une envie de puits qui descend très loin, de fièvre qui me ferait me souvenir mieux, de murs. Y aura-t-il un jeune homme un jour, un vieil homme, un homme d'âge moyen ? Y aura-t-il des hommes qui me diront qu'ils passent. Passeront-ils comme les cavaliers du tarot ?

Ou seront-ils puissants comme les rois de ce même jeu ? Est-ce que ce sera la nuit quand ils s'en iront ? Que faut-il faire pour que ce ne soit jamais la nuit ?

Quand Marlène Köpa revient de Mexico, Raphaël fit son portrait. Un jour elle nous offrit en riant quelques-uns de ces couverts suédois aux formes modernes. Elle dit que ce n'était pas un beau cadeau, mais que c'était amusant, puisqu'elle les avait elle-même dérobés à la compagnie aérienne S.A.S. lors de son voyage. Comme beaucoup de femmes du monde, elle était kleptomane et collectionnait les savonnettes venues des plus grands hôtels ainsi que les cendriers dérobés dans les bars les plus chics. Elle avait également de petites attentions particulières pour Raphaël comme de se précipiter pour frotter son pantalon dès qu'il y avait la moindre tache. La veille de l'exposition elle dit que Raphaël viendrait avec elle aux sports d'hiver et que son mari aimerait beaucoup que je l'accompagne pour une petite croisière. Nous ne répondîmes rien.

Le lendemain nous la laissâmes déployer à fond son influence pour faire acheter la peinture de Raphaël à ses amis. En un après-midi, nous gagnâmes plus de deux millions. Jamais nous ne nous étions trouvés avec autant d'argent et nous avions presque peur à l'idée que nous le devions à un bon caprice de Marlène. Nous n'avions plus qu'une envie : fuir. Nous inventâmes l'histoire d'un télégramme qui nous rappelait en France. Le même jour nous réglâmes nos affaires et offrîmes aux Köpa des toiles en remerciement. Elle nous somma de revenir le lendemain pour remettre ses murs en état. Le soir même nous partîmes.

Nous faisons six cents kilomètres sans nous arrêter et embarquons sur un bac à Göteborg. Ce bateau nous semble un havre secourable. Il tangue doucement dans le petit matin. L'énorme bateau à l'énorme ventre nous aspire jusqu'à une cabine et nous nous écroulons de fatigue sur nos couchettes. Il y a à peine deux heures que nous dormons, qu'on tambourine violemment à notre porte. Je demande en allemand : « Qui est là ? », « Wer ist da ? » On me répond : « Police ! » Je dis : « Oui, un instant, je dois m'habiller. » Au même moment la petite se réveille comme d'un cauchemar et se met à pleurer et Raphaël qui n'y comprend rien se réveille à moitié sonné en me disant : « J'ai rêvé qu'on frappait à la porte. » Il est là allongé sur le ventre sur la couchette supérieure, un bras ballant dans le vide et la bouche entrouverte comme un poisson qui va mourir. Raphaël est au bout du rouleau, je le sens. Il me demande ce qu'il se passe et je lui dis qu'il y a les flics à la porte. Je me saisis de l'argent que j'enveloppe dans une couche à jeter et fourre le tout dans le porte-couche de la petite. Ça lui fait un gros derrière, mais ainsi j'ai l'impression que l'argent est bien caché. Puis, comme c'est moi qui parle allemand, c'est moi qui ouvre la porte et je le fais très tranquillement en tenant la petite dans les bras. Je leur demande ce qu'ils veulent. Ils ne répondent pas et disent : « Suivez-nous. » Nous finissons de nous habiller et nous nous retrouvons dehors encadrés par trois flics. Je me dis que c'est peut-être à cause de l'argent que nous avons gagné, que peut-être on n'a pas le droit de gagner du fric comme ça et de sortir du pays avec.

Un grand port au petit matin, c'est triste et lugubre. En enjambant les rails et les cordages, en passant sous les grues, j'entends en moi-même la complainte de Mackie et je ne réalise même pas que nous sommes arrêtés. Le reflet des navires dans l'eau est toujours le même dans tous les ports. Est-ce bien nous qui marchons avec les flics au derrière et d'abord où sommes-nous ? Avec toute cette brume sale du matin et tous ces escaliers rouillés que nous montons et descendons, je me force à comprendre que c'est bien nous qui marchons encadrés comme des malfaiteurs. Deux derrière, un devant. Ils marchent sans mot, serrés dans leurs imperméables et nos pas résonnent sur le quai. Je serre la petite contre moi et me demande ce qui va nous arriver. Je trottine derrière le plus grand et lui pose des questions en allemand, en anglais. Il ne répond pas. Je n'accepterai pas qu'ils me séparent de l'enfant. Ça y est, ils nous poussent dans une voiture noire et nous démarrons.

Une grande bâtisse grise, c'est là que nous nous arrêtons. C'est marqué « Criminal polis burö », et c'est par cette porte-là que nous entrons. Sur-le-champ, je demande un interprète. J'exige qu'on avise le consulat. Qu'on nous dise ce que signifie cette arrestation et pourquoi nous sommes arrêtés. « Mais bien sûr vous êtes des petits anges », me répond un flic. Il me dit qu'il y a un mandat d'arrêt pour vol contre nous et qu'en Suède le vol est considéré comme un crime. J'imagine tout de suite que c'est à cause de l'argent que nous avons gagné ; nous serons d'autant plus incriminés que je viens de le cacher dans la bambinette du bébé. Nous remettons nos passeports. Ils nous demandent combien nous avons d'argent sur nous et Raphaël qui avait gardé mille francs dit : « Voilà. — C'est tout ? » Je sens que nous sommes coincés et j'attrape la petite devant leurs gueules ahuries je dégrafe sa culotte de plastique pour en sortir la liasse de billets que je pose sur la table. Ensuite deux gorilles surgissent de derrière la porte et embarquent Raphaël pour une destination inconnue. Il me jette un regard désespéré et me crie : « Fais bien attention à la petite. Tâche de savoir ce qu'ils nous veulent ! » C'est à mon tour d'être embarquée. J'arrive dans une sorte de vestiaire et là ce sont des bonnes femmes qui s'occupent de moi. Je suis au milieu de prostituées qui attendent sur des banquettes.

Je fais de l'effet avec ma môme dans les bras. Toutes veulent la toucher, les gardes-chiourme et les prisonnières. Je suis écœurée de voir tous ces doigts sales qui veulent jouir de la peau de Cécile et je l'arrache farouchement à leurs sales étreintes. Je geule dans toutes les langues qu'elles ne la touchent pas. Une garde-chiourme commence à me déshabiller tandis qu'une autre fait l'inventaire de mon sac. On ôte mes lacets, on ôte mon soutien-gorge, on ôte mon porte-jarretelles. La petite aussi on la déshabille et on la rhabille. On lui donne un bonbon et on nous fout dans une cellule où il n'y a qu'une vieille banquette de skaï étroite sur laquelle je vais me coucher, Cécile sur mon ventre. Sur le mur, plein d'inscriptions « Olga, 1956 » « Carryl, ich liebe dich ». Où est Raphaël ? Dans une cellule comme moi sans doute. Que nous veulent-ils ? Cécile ne cesse d'appuyer sur la sonnette et la garde-chiourme se dérange à chaque fois. Je lui fais comprendre qu'il faut donner du lait à la petite. Je lui dis « Mjölk ». C'est tout ce que je dois savoir dire en suédois. Elle revient avec de la bière maltée et me dit que c'est très bon pour les enfants. Et puis elle apporte de la pitance et je nourris Cécile. Les heures passent et je me mets à chanter à tue-tête le « Notre père... ».

Au bout de dix-huit heures, on déverrouille la porte et on me demande de sortir. Je coiffe mes cheveux avec un peigne en fer relié par une chaînette au lavabo, je rafraîchis un peu Cécile qui n'en peut plus d'avoir été enfermée si longtemps.

Dans le hall, je retrouve Raphaël. Il me dit qu'il a vu qu'on a éventré les sièges de la voiture. On se demande toujours ce qu'ils peuvent bien chercher. Et nous voilà de nouveau embarqués dans un car Volkswagen avec trois flics et un garde-chiourme comme pour des assassins de grande envergure. J'arrive à comprendre que nous retournons à la ville que nous avons quittée. La plainte portée contre nous vient de là-bas.

Le fin mot de l'histoire c'est que Marlène Köpa, jalouse et déçue, nous avait dénoncés à la police disant que nous lui avions dérobé de l'argenterie. Les policiers n'avaient rien trouvé dans notre voiture et je dis immédiatement que je pensais qu'il s'agissait sûrement de ces quelques couverts qu'elle nous avait offerts à notre arrivée. J'assurai qu'elle les avait elle-même dérobés à la compagnie d'aviation au chiffre de laquelle ils étaient frappés.

C'était le véritable vaudeville et tout le monde commençait à y retrouver ses billes. Je m'inquiétais pour l'argent qu'on nous avait confisqué. On nous le rendit en s'excusant et on nous laissa repartir. Ainsi Marlène Köpa s'était vengée. Elle nous avait fait arrêter à la frontière par télex, car en Suède toute plainte est prise en considération. A dire vrai, nous n'avions pas même l'impression d'avoir vécu cette arrestation et sur le chemin du retour, nous nous écroulâmes dans une petite auberge de Hambourg. Notre nuit compta plus de quatorze heures. L'argent était sur la table et nous n'osions même plus croire qu'il était bien à nous.

La France quand elle vous reprend sous son aile a vite fait de vous alléger de votre argent. Enfants légitimes ou naturels, mères menaçantes ou éplorées, tout le cortège des anciennes femmes de Raphaël manifestait.

La Suède me semblait loin. Elle n'avait jamais existé. Si, pourtant, car c'est grâce à ce voyage que nous pûmes acheter, pour quelques centaines de milliers de francs, une vieille bicoque abandonnée en plein cœur de l'Aube. Et notre exil dans la fraîcheur auboise inspira à Raphaël des paysages aux cieux tourmentés. Ce fut son époque champenoise.

Cette vieille maison, qui est une ancienne grange aux dîmes, nous la restaurons nous-mêmes, et je découvre que j'aime fabriquer du ciment, poser les pierres une par une et les jointoyer soigneusement. Ah ! le charme des maisons anciennes ! Celle-ci, paraît-il, aurait huit cents ans. Je crois que nous l'avons achetée à cause de son four à pain et de sa porte en ogive. Pour le reste, nous sommes obligés de vivre comme au Moyen Age, l'eau tirée au puits, le chauffage et la cuisine par la cheminée et dans la cheminée... Et quand vient l'hiver et qu'on veut se réchauffer, on se trouve avec une joue brûlante et l'autre glacée. Et nous voilà coincés encore une fois. Une vraie malédiction chaque fois qu'on veut s'installer et faire les choses comme tout le monde. « Vous ne pouvez pas continuer cette vie de bohémien ! Il y a un âge auquel il faut s'arrêter. Un point de chute, c'est important !... » Et maintenant, on a l'air malin avec notre bonnet de laine dans notre lit glacé. C'est la même comédie qui recommence, c'est un vrai désastre quand on s'arrête quelque part. J'ai beau balayer, c'est toujours aussi sale et chaque matin à notre réveil, le sol est couvert de mousse blanche. C'est du salpêtre. La nuit, il y a un ramdam terrible dans la vaisselle. Ce sont les rats qui mettent leur nez partout, dans le beurre, dans la farine. Bien sûr, ce sont des rats des champs moins répugnants que ceux de Saint-Jean-de-Luz, mais tout de même ils ne nous laissent pas dormir en paix. Raphaël, qui est fou des armes, passe bien une heure par jour à astiquer sa carabine. Il n'a rien trouvé de mieux que de faire du tir en chambre. Il y a des rats qui vont nicher derrière les toiles accrochées au mur. Pour les avoir, il suffit d'allumer la lumière de notre lit. Un ingénieux système de rallonge serpente au pied des murs. « Allume ! »

Et Raphaël qui dort avec sa carabine tire sans même viser. « Un de plus ! » Et le cadavre tombe avec un bruit mou après avoir griffé la pierre. A chaque fois, le piaillement et la dégringolade de la bête me dégoûtent. J'en ai assez de ces tueries nocturnes. Et tous les matins, en guise de petit déjeuner, ce sont eux que je trouve avec leurs ventres éclatés. J'ai horreur de ces bêtes avec leurs queues maigres. C'est par là qu'il faut les saisir avec un morceau de papier pour les jeter dans l'essence et les faire brûler. Vraiment, cette maison, ce n'est plus possible. Et je ne parle pas du chat-huant qui nichait dans le grenier alors que nous y dormions à l'automne. Cette nuit-là, il y eut un grand déplacement d'air dans la pièce, et un son rauque comme un râle étouffé, et encore un petit cri aigu. J'étais terrorisée et quand, enfin, je me décidai à faire de la lumière, je vis, perché sur une poutre, un énorme oiseau de nuit qui nous fixait comme si nous étions des intrus. En fait, nous l'étions. Qu'avions-nous eu besoin de loger dans cette maison où des dizaines de générations de rats et d'oiseaux nocturnes avaient élu domicile. D'ailleurs, ils se livrent un combat farouche et l'oiseau de nuit aux ailes vermoulues était en train de déglutir sa proie. Il prit son envol et son envergure m'apparut d'autant plus énorme que nous étions dans un espace restreint. Je poussais un cri chaque fois qu'il rasait nos têtes. Enfin, il s'approcha du toit à un endroit où des tuiles manquaient et s'aplatissant, poussant des ailes, il réussit à se dégager et partit en huant vers la nuit. Cette région de l'Aube devenait pesante et nous oppressait. Nous en avions assez des chauves-souris trouvées dans le potage et des bonnes gens qui nous avaient conseillé d'investir nos trois sous dans la pierre. « Mais si, mes enfants, la pierre ça ne bouge pas. »

On avait vendu des toiles à tous les médecins à la ronde et même on s'était offert deux opérations de l'appendicite. « Tu m'ôtes ce vilain appendice et je te donne une toile. » On mangeait les poireaux de la vieille mère Bardu et ses cerises aussi et, souvent, elle me mettait une salade par-dessus le panier. « T'nez donc Mâme Marie, c'est po'vot' mari qu'est tant gentil ! » On lui achetait ses œufs aussi et c'est Cécile qui allait les dénicher. Ce n'était pas rare non plus qu'un malheureux lièvre se flanque sous nos roues de voiture. Il y avait souvent un lièvre au sang qui pendait dans notre cellier. Ces jours-là, j'étais bonne pour préparer des « biftecks » de lièvre et je pleurais au-dessus de la poêle en épluchant mon oignon. Je mettais là-dedans du thym, du laurier, du sel et du poivre et un peu de farine. Je tourniquais avec une cuillère en bois et j'obtenais le plus moelleux, le plus confit des roux. A signaler que je ne tourne qu'avec une cuillère en bois et que j'aime faire la cuisine dans des récipients de fonte. Je fais également partie de ces sorcières qui font mijoter des heures ce qui peut être cuit en un instant. Quand la crise me prend, j'ai toutes les peines à m'arracher au fumet de la cocotte. Il faut que je reste plantée là, jusqu'à ce que mon temps d'inspiration pour la cuisson s'achève.

« Ah ! la bonne odeur dans la carrée ! » C'est la vieille mère Bardu qui vient partager notre repas. J'avais dit vers sept heures. Elle arrive avec son yaourt à la main et un carré de chocolat pour le dessert de la petite. Elle s'installe auprès de la cheminée en ajustant bien sa liseuse de laine. Elle est bien vieille et dit « qu'un jour, elle mourra chez elle et que ses enfants mettront en vente sa maison car, bien sûr, ils ne voudront pas habiter un trou pareil ! Pensez donc, quinze habitants ! ». Elle dit des choses comme ça la mère Bardu, et Raphaël, qui n'aime pas entendre parler de la mort, lui répond : « Mais non, madame Bardu, vous avez encore longtemps à vivre ! » Et il commence à peindre, et je passe une éponge sur la toile cirée.

Puis, l'heure est venue où je raccompagne la mère Bardu. Avec ma lampe-tempête, j'éclaire les mauvais cailloux du chemin et le petit rond de lumière se balance jusqu'à sa porte... Elle va se coucher et même elle a dépassé l'heure. Je sais qu'elle met une chemise de nuit amidonnée et un bonnet de dentelle, avec les initiales A. B., Anaïs Bardu, brodées sur la chemise. Elle me l'a montrée un jour, parce que je lui disais en riant que je dormais toujours toute nue. « Mais c'est mauvais pour le cerveau, Mâme Marie. » Alors j'ai hérité d'une chemise de nuit en coton, une vraie chemise de nuit de grand-mère. Dès que je la mets, je me sens devenir perverse. Hélas ! Raphaël ne voit rien de pervers au fait que je me tresse des nattes et que je circule avec cette chemise de nuit en grosse toile sur le dos, ma chandelle à la main et pieds nus dans mes bottines à moitié délacées. Je voudrais qu'il retrousse ma chemise doucement et force sa langue entre mes cuisses jusqu'à mon sexe impatient. Oh oui, je le voudrais, j'en meurs d'envie. Comme un peu d'eau dans le désert... Quand donc les hommes sauront-ils nous prendre ? Sûr que Raphaël préfère les déshabillés transparents. Il me dit d'arrêter mon cirque quand je me balade dans cette chemise. Eh bien, non ! Puisque c'est ainsi, je ne jouirai pas. Je ne veux pas qu'on me prenne quand je n'en ai pas envie et qu'on me laisse en plan quand je meurs de désir. Peut-être qu'il ne me sent pas et moi non plus. Il y a quelque chose qui doit clocher. Et ce qui cloche surtout, c'est le sentiment de culpabilité qu'il me donne. Je me dis tout cela en revenant de chez la mère Bardu avec ma lampe-tempête à la main. Je me dis qu'il y a quelque chose en moi qui ne lui appartiendra jamais, et c'est comme une compensation d'y penser, et les brins d'herbe que j'éclaire dans mon rond de lumière c'est aussi une compensation... Et cet air chargé de ciboulette avec cette odeur d'escargot qui monte du fond des jardins, et tout ce ciel en lambeaux qui s'étire et me pousse avec violence, tout cela avec la rosée, n'est-ce pas à moi ? Voilà, il ne sait pas m'aimer quand je porte l'odeur du chemin. Je vais m'arrêter sur le pas de la porte, accrocher la lanterne au clou, et je vais rester là avec mes yeux remplis de la nuit, avec le bas de ma chemise mouillée et le ventre qui palpite et il ne comprendra pas. Il me trouvera la même figure que les autres jours. Je n'ai pas envie pourtant de garder pour moi seule toute la fraîcheur du vent sur mes bras, mais si j'avance et que je frotte doucement ma tête contre son pantalon, il va peut-être me demander si « je veux sa grosse bite ». Ce n'est pas cela que je veux. Comment lui expliquer cette mort si douce que je voudrais qu'il me donne au lieu de me prendre. Comment lui dire cette métamorphose que j'attends ?

Un jour, nous mîmes la maison en vente. Nous avions décidé de partir à cause des bêtes qui l'envahissaient et du manque de confort. Jamais nous n'aurions assez d'argent pour faire les travaux nécessaires et de toute évidence, il nous fallait chercher une nouvelle clientèle. Et puis, l'attrait de la route, c'est plus fort que tout.

Nous nous retrouvâmes à Jérusalem. Nous marchions comme des fous illuminés dans les souks de la vieille ville et, comme le flot humain qui nous poussait, nous embrassions les murs noirs de la patine des baisers. En ce temps, la ville était encore en Jordanie et la tension était extrême dans les pays arabes que nous venions de traverser. En Syrie, nous faillîmes nous faire abattre, simplement parce que la sentinelle de poste s'était endormie et que, soudain, entendant le bruit d'un moteur, elle se réveilla en sursaut et nous mit en joue. C'était un petit poste frontière perdu dans la montagne. On nous garda à vue toute la nuit et le capitaine des douanes, qui eut le temps de me regarder, me trouva à son goût et pria Raphaël de repartir sans moi. C'était l'aube. Il s'étirait comme un gros matou lascif dans son pyjama et se grattait le crâne avec son pistolet. Il dit à Raphaël de retourner à la voiture. Quand nous fûmes seuls, il me pria de le laisser me baiser les mains. Je lui dis que sans doute mon enfant réclamait des soins.

Il ne me laissa repartir que lorsque j'acceptai de boire avec lui du thé qu'il fit préparer.

Toutes les mers de France nous les connaissions. Des maillons s'ajoutaient à la chaîne, notre agenda se remplissait de noms. Dans chaque pays où nous passions, nous savions à quelle porte frapper. De la pointe nord de la Suède à Jérusalem, nous ne comptions plus les gens qui nous aimaient bien. Ils se donnaient un mal fou pour nous faire vendre les toiles de Raphaël.

Chaque nuit était un campement à chaque fois créé, à chaque fois abandonné. J'avais l'impression de faire des gestes par-dessus les montagnes et qu'ils se prolongeaient de pays lointains en pays lointains. Nous tracions un cercle de feuillage autour de notre campement. Peut-être était-ce le désir de définir notre place dans l'espace ou le besoin de nous isoler doublement dans cet immense isolement. Parfois sur le foyer mourant grésillait quelques bas de côtes de mouton. Nous restions à parler tard dans la nuit. Il arrivait que Raphaël installe son chevalet devant les phares de la voiture où de misérables lucioles venaient griller leurs ailes.

Dans la chambre de la Bastille, il n'y a pas de saisons. Je dors avec mon crayon et mon cahier sous l'oreiller. Où sont les enfants ? Où sont les saisons ? Je hais mon travail d'ouvreuse. Est-ce avec ce travail-là que je pourrai ramener les enfants ?

Quand le malaise a-t-il commencé ? Peut-être bien le jour où je ne désirai plus être un guide pour Raphaël. Le jour où je n'écrivis plus rien. Où je ne vis plus rien. J'essayai d'expliquer. Il claqua la porte. Jamais il ne voulut que je lui parle. Je crois qu'à partir de ce moment-là il me détesta. Je vis le balcon dans les arbres reculer, reculer... Je ne voulais plus être un oracle. Je ne voulais plus de ce piédestal où peut-être je m'étais hissée moi-même. Maintenant que nous ne souffrions plus de la faim, du froid, je voulais qu'il me regarde comme une femme. Ensemble nous avions abattu de véritables murs de béton armé. Maintenant que mes mains retrouvaient un peu leur blancheur, voilà qu'il me tournait le dos. Il me regardait et me disait que mon ventre était laid et que vingt-cinq ans, ce n'était plus très jeune. Il était mon seul miroir. Je le croyais. Je me sentais vieillir. Ce que nous avions noué ensemble, peut-être devrais-je le délier seule.

Nous choisissions les bords de mer pour nous arrêter, car c'était là que la clientèle était la plus nombreuse. Nous y vendions bien la peinture.

Raphaël sortait sans moi et rentrait tard dans la nuit. Dans les petits meublés que nous louions pour une saison, je prenais mes repas seule, je me couchais seule et j'attendais son retour les yeux grands ouverts...

En mai 1967, la guerre des Six Jours éclata. Raphaël qui s'était déjà fait traiter de « sale juif » dans la rue médita sur ses origines. Celle du gosse baptisé à la va-vite par une grand-mère paternelle catholique durant l'occupation allemande et celle de l'homme qui se souvient que sa mère est juive, immigrée de Russie et que tous deux portaient l'étoile jaune. N'avait-il pas reçu le baptême juif, qu'est la circoncision ? Comme des milliers de jeunes israélites, il était en pleine crise de conscience. Il lui fallait opter pour une identité.

Il afficha une grande réserve à mon égard et me fit comprendre que ce sujet ne me concernait pas... Je n'avais pas à me sentir concernée, car je n'étais pas juive. « Que tu le veuilles ou non, tu n'est qu'une goï », me disait-il. Cette agressivité permanente et un peu bête me désolait.

Et puis la vie suivit son cours. Le souci de ne pas retomber dans la misère nous obligea à reprendre les voyages.

Depuis longtemps, nous désirions une caravane pour faciliter notre existence de nomades. Nous la trouvâmes en Suède. Sans doute que ce fut un des plus beaux jours de ma vie, celui où nous repartîmes avec notre maison roulante accrochée derrière la voiture. Je me retournais sans cesse pour voir si elle nous suivait bien. Je la faisais visiter la poitrine gonflée de fierté. Elle avait la forme d'un igloo. Elle était toute en bois. Je la trouvais belle.

Quand nous sommes arrivés dans cet immense hangar rempli de caravanes, je me suis dit : « Il nous en faut une ! » Je les visitais les unes après les autres. J'entrais, je ressortais, je touchais à tous les boutons. Je me mettais à quatre pattes pour voir si le plancher était bien étanche, comme c'était écrit dans le prospectus. Pour le directeur, ce ne serait jamais qu'un caprice d'accepter des toiles en paiement, mais pour nous, c'était le bien-être de notre vie qui était en jeu. Je me disais aussi que Raphaël redeviendrait plus doux avec cet engin qui nous suivrait partout. Je pourrais lui faire cuire des légumes à l'eau comme il les aime...

La caravane valait plus d'un million. Le directeur accepta cinq toiles en échange.

Maintenant qu'on a la maison tout confort sur roulettes et que notre énergie n'est plus gaspillée, je me sens redevenir douce quand refleurissent les lilas. Est-ce parce que nous sommes au bout du monde et que Raphaël me semble un homme changé sous cet autre ciel, mais tout ce poids de douceur sur la nuque me fait ouvrir les paumes de mains et je vais vers lui et lui demande de me faire un enfant. Il dit oui. Il me regarde avec d'autres yeux. Ce fut la nuit la plus longue, la plus claire aussi, résonnant de chants naïfs et du crépitement des mille bûchers qui se consument jusqu'au matin. C'est la nuit de la Saint-Jean d'été qui n'est jamais une nuit là-bas, en Suède, mais une lueur irréelle et diaphane qui empêche les animaux de dormir. On passe tout le jour à fabriquer une grande croix de feuillage qu'on fiche en terre. Et puis on tresse des dizaines de couronnes avec de longues herbes, on les pique de fleurs, on les enfile à chaque extrémité de la croix, et la croix devient si touffue qu'on se demande comment elle ne croule pas encore sous le poids de toutes ces fleurs. On ne distingue plus sa forme de croix. Maintenant, elle ressemble plutôt à une hutte ou peut-être à la jupe d'un des grands elfes qui viennent si souvent danser l'été dans les forêts. Alors on dispose tout autour de cette montagne de fleurs de longues branches de bois sec et par en dessous on glisse quelques fagots avant d'y mettre le feu. C'est ainsi que toute la nuit on immole les fleurs fraîchement coupées. Et c'est un peu triste ces bûchers où se consument des monceaux de fleurs vives. Je me demande vers où s'en va leur petite fumée...

Je vais pouvoir m'offrir un gros ventre. Un ventre qui fait des farces et des bonds. Un ventre rempli de poissons. Ah ! cette acceptation. Cette merveilleuse peur qu'on porte en soi ! Est-ce que la nature va bien faire les choses ? Est-ce qu'elle me le brodera bien jusqu'au bout ? Jusqu'au dernier ongle de son petit doigt, jusqu'au dernier cartilage de son oreille ?

Mon ventre ne touche pas encore le volant. Nous repartons pour de longues routes. La roulotte adoucit considérablement notre existence. C'est souvent sur les places d'église que nous nous arrêtons. J'épluche mes légumes devant des dizaines de portes d'église. Je regarde les statues.

Un jour Raphaël me demanda de me convertir au judaïsme. Il voulait émigrer en Israël et, pour cela, il lui fallait une femme juive. Il me posait ainsi un ultimatum. Il voulait abandonner la peinture sur un coup de tête. Je voulais bien tenter de vivre en Israël, mais en aucun cas me sentir contrainte à y demeurer définitivement. Il ne toléra pas cette demi-mesure et me traita en ennemie. N'était-ce pas ma deuxième trahison ?

Il décréta que sa vie de peintre était une vie d'imbécile et que là-bas en Israël sa vie servirait au moins à quelque chose. Il ramasserait les oranges et conduirait les camions.

Je lui parlai de ces clients industriels allemands qui lui avaient commandé une fresque pour l'intérieur d'une usine en construction. C'était un travail important, inespéré, et j'avais déjà débattu les conditions. Tout était réglé.

Je mis au monde une fille. Nous l'appelâmes. Elise. J'avais encore cette enfant au sein que nous partîmes pour l'Allemagne avec notre roulotte. Je ne fus bonne qu'à lui servir de machine à traduire. Notre ingénieux système d'exposition privée faisait boule de neige. Je défendais le prix des toiles de Raphaël avec acharnement. Je m'arrangeais toujours pour que le client irascible s'engage à organiser à son tour une exposition des œuvres de Raphaël.

Quand nous retournâmes en France, Raphaël choisit de s'installer dans un camping de Provence, non loin de Marseille d'où il s'embarquerait un jour, me disait-il. Il menait sa vie comme si je n'existais pas. Chaque jour, il partait pour Marseille afin d'étudier, disait-il, l'hébreu. Il rentrait de plus en plus tard.

Du camping, je ne me rappelle que le portail qui grinçait quand il l'ouvrait à l'aube. J'attendais ce bruit, recroquevillée au fond de la roulotte et le moindre souffle de vent sur le portail me faisait sursauter. Mais, non, ce n'était pas lui... Alors je somnolais, la tête penchée sur ma poitrine, comme on somnole dans les trains. Et puis, tout d'un coup le portail grinçait. Je voyais ses phares de voiture par la petite fenêtre. Je me couchais et faisais semblant de dormir. Il rentrait l'air buté comme un coupable. J'entendais le bruit de ses chaussures qui tombaient sur le sol. La première. La deuxième. Déjà l'aube se levait. Il se couchait et s'endormait à poings fermés. Alors je me levais doucement de ma couchette et doucement j'embrassais sa tempe et je murmurais son nom, à lui, mon grand malade qui partirait bientôt, je le savais bien. Je savais bien aussi qu'un homme qui dort aussi profondément ne se réveille pas pour un baiser.

Un jour, était-ce un mardi, était-ce un dimanche ? Un jour, il dit qu'il doit me parler, mais moi je sais qu'il ne me parlera pas, je sais qu'il n'en aura pas le courage. Il a pris l'habitude de ne plus rentrer et je ne lui demande même rien pour ne pas l'entendre me mentir. Je n'ai pas non plus besoin de lui dire qu'il est lâche. Il le sait déjà. Mon silence lui fait plus peur que n'importe quelle crise de larmes. Et puis, c'est bien connu, les hommes n'aiment pas les larmes. Je suis trahie. J'ai perdu l'ami et l'amant. L'ami c'est celui qui vous pardonne tout. L'amant celui qui ne vous pardonne rien.

Il me dit : « Tu ne raccommodais jamais mes boutons. » C'est vrai, je ne raccommodais pas souvent. Il dit encore : « Tu faisais la cuisine une fois sur deux et tu ne prenais pas soin de moi. Tu es trop dure. » C'est vrai aussi, je n'avais pas toujours envie de cuisiner et je disais : « On va faire un repas froid. » Et je n'avais pas non plus envie de le plaindre sans arrêt, ce grand gaillard d'un mètre quatre-vingts. Avec le genre de vie que nous menions, il valait mieux oublier nos petits maux. J'admettais difficilement qu'on se plaigne. Mais ce n'était pas vraiment de la dureté. C'était pour écarter toutes sortes d'inquiétudes qui nous auraient empêchés de fouetter le temps et de franchir les obstacles qui nous séparaient de notre but. Il ne fallait pas l'oublier, nous avions choisi notre existence. Qui peut s'en vanter ? Et nous étions sur le point d'aboutir. Il me dit aussi que je n'étais jamais prête à faire l'amour quand il le voulait, que je n'étais pas une femme très chaude et que c'était dans ma tête que ça n'allait pas. Sûrement que c'était dans ma tête que ça n'allait pas. Quelque chose m'avait rendu infirme, en quelque sorte. Et puis, je n'étais pas ce monstre aux dix vagins qu'il lui aurait fallu. Il était polygame et je n'y pouvais rien.

Les petites font la sieste. Elles se réveilleront bientôt. Il faudra faire des tartines, ne pas oublier la casserole de lait sur le feu, ne pas oublier de fermer le gaz, ne pas oublier les épingles de nourrice près du bébé. Il faudra que je redouble d'attention.

Ça y est ! C'est l'heure, il doit partir. Une dernière fois il me montre comment on attelle la caravane à la voiture et comment on la dételle. Surtout, il faut bien bloquer la flèche en actionnant la petite manivelle et ne pas oublier de serrer le frein de sécurité sans quoi la caravane s'emballerait. Patiemment, il me montre encore une fois comment on s'y prend pour changer une roue. Après quelques hésitations, il me dit qu'il me laisse aussi la boîte à outils pour laquelle il a un dernier regard attendri. Il paraît que c'est indispensable tous ces trucs dans cette boîte en fer et que je serai bien contente de les avoir. Je dis que oui. Et les bidons aussi, je peux les garder, ainsi que les chiffons dont on a toujours besoin. Je le regarde faire. Je regarde son profil et ses mèches de cheveux bruns qui lui tombent sur le visage. Il a l'air d'un enfant buté. Il va me laisser ici, dans ce camping, et j'ai l'impression qu'on m'assassine en plein mois d'août pendant que les autres font déborder la piscine à force de rire et de crier sous le soleil. Je lève la tête et rien n'est plus bleu que le ciel, le ciel qui se reflète encore en bleu dans le capot de la voiture. Il va partir. Je regarde son col ouvert. Il faut que je me rappelle son odeur, sa peau, il faut que mon œil devienne la chambre noire qui impressionne des photos. Heureusement, je ne suis pas dans un mauvais jour. Je veux être la plus belle possible au moment de l'au revoir, je sais qu'il ne me regardera même pas dans les yeux, mais il verra comme mon reflet auprès de moi. Lui sourire... Lui sourire alors qu'on m'écorche vive. Attention au brouillard de larmes. Il faut que mes paupières soient le puissant barrage des eaux. Moi, je ne suis plus là. C'est mon reflet qui lui sourit. Moi, mon reflet. Mon reflet, moi. Laisse-moi me défendre, Raphaël, laisse-moi te donner dans ce sourire tout le film de notre vie. Laisse-moi être cruelle, si doucement en infusant mon souvenir dans tes veines. Laisse-moi payer pour ton remords, ton obsession. Longtemps je veux que tu voies mon sourire à travers « elle », à travers d'autres. C'est ma seule arme. Que longtemps mon sourire t'empoisonne.

Tu vas partir, tu vas prendre un bateau. Cinq jours de traversée. Tu dis que sans doute tu ne reviendras pas. Tu dis : « C'est la vie, ma petite. » Je ne sais plus qui me parle. Je ne sais plus à quel moment est née l'énorme confusion. Je ne te connaissais pas. Alors je ne dis rien, je ne dis jamais rien. A la place des marronniers je vois des cèdres partout et je sens sur ma peau le soleil qui tremble. Tu dis encore que tu regrettes de laisser les enfants et que je t'ai gâché la vie. Tu partages l'argent et tu me donnes la moitié. Pour que je me débrouille « après », tu me laisses quelques toiles que je n'aurai qu'à vendre pour vivre, car ajoutes-tu « il faudra que je gagne ma vie comme tout le monde, en travaillant ». Tu m'enverrais aussi une longue lettre d'Israël, afin de m'expliquer beaucoup de choses, mais, encore une fois, il ne fallait pas espérer que tu reviennes. Avant de partir, tu retournes à la caravane et tu rafles deux assiettes, deux verres, deux oreillers... Un soleil noir me tombe dessus et tous les cèdres vont s'abattre si je reste là. C'est vrai que je suis une « goï » et je n'y peux rien. Tu me reproches de ne pas être juive. C'est tellement bête. Sans doute est-ce le seul reproche auquel je ne puisse rien répondre. Et je ne réponds rien. Pour couper court, je te demande de me laisser partir en voiture la première et que, lorsque je reviendrai, tu ne sois plus là. Je ne veux pas que tu m'imposes la vue de ton automobile franchissant le portail. Mais comme un ultime sursaut d'amour je t'infligerai cette dernière image de moi tournant au coin de la rue et j'exorciserai ainsi ce maudit portail sur lequel mes yeux sont restés braqués des nuits entières à attendre ton retour. Et ton silence au retour. Et mon interrogation muette qui dure encore jusqu'en ce moment où je monte dans la voiture pour franchir ce portail la première, afin de ne point devoir te regarder partir.

C'est fini. Je ne sais plus si c'est moi qui conduis. Je sais que j'ai pris les deux enfants. J'ai dit à l'aînée : « Dis au revoir à papa », et j'a fourré la plus petite dans son nid d'ange. J'ai mis dix francs de « super » à la station-service du coin et j'ai eu l'impression de flotter avec l'odeur de l'essence. Le pompiste m'a regardée sous le nez en me demandant si j'allais bien. Des platanes bordaient la route et je luttais parce qu'ils m'attiraient comme des aimants ; je les voyais minuscules et moi je devenais euphorique, et je grandissais comme Alice au Pays des Merveilles conduisant très vite une voiture devenue trop petite pour elle sur une R.N. 7 qui rapetissait. Et puis le bébé pleure et je me souviens qu'elles sont là et qu'elles sont la vie. J'ai le soleil en plein dans les yeux et je voudrais qu'il soit encore plus fort pour que la lutte avec toute cette lumière me fasse encore plus mal et me tienne éveillée. J'ai pris un virage à droite et, comme un automate, je me suis arrêtée près d'une villa où j'ai demandé à des gens que je connaissais à peine de bien vouloir garder mes enfants une demi-heure. Ils buvaient de l'orangeade et du pastis sous leur tonnelle et venaient d'arroser leurs plantations. Leur perron sentait la fraîcheur et je souriais à travers le grillage et leur disais : « S'il vous plaît, pouvez-vous garder les enfants. » Cécile sautait de joie. « Oh ! oui maman ! » et déjà elle demandait un verre d'orangeade. Comme un paquet, je déposai le nid d'ange de la petite, en disant qu'à ses pieds, il y avait un biberon. Et puis j'ai fait marche arrière et j'ai tourné dans les ruelles désertes et bleues. La Provence est toujours bleue en août, c'est un beau pays. Je grimpe et je sais qu'en haut à gauche, il y a un grand mur crayeux et de hauts cyprès qui montent jusqu'au ciel. C'est le cimetière. Je freine et j'arrête le moteur. Et bien sûr que je vais enclencher la première et tirer le frein à main. Puis je pousse la grille et je cherche une tombe. Une tombe à qui parler. Je marche vite dans les allées qui poudroient. La terre partout est desséchée et se craquelle, et mon cœur pour ne plus être seul s'arrête de battre pour écouter le bruit des grillons. Je marche comme une voleuse à la recherche d'une tombe et je dis tout le temps à voix haute en me tordant les mains « s'il vous plaît, s'il vous plaît... ». C'est certainement une prière et maintenant c'est bon parce que je pleure et que malgré tout j'arrive à lire les inscriptions sur les tombes. Je vois même les petites photos des morts qui me sourient et je me dis que je ne voudrais pas une tombe comme celle-là avec une image et ces banderoles « A Maman chérie », « A notre fille regrettée ». En voyant l'arrangement des tombes de certains morts, j'imagine aisément ce qu'était leur intérieur quand ils étaient vivants. De fleurs artificielles en fleurs artificielles, « regarde, j'ai trouvé ces belles fleurs en plastique sur le marché, on dirait des vraies... ». Sur la tombe de l'inconnu, ce sont les mêmes, avec en plus le cache-pot en plastique et les petits graviers bien blancs en plastique et la petite barrière tout autour de la tombe pour délimiter une dernière fois le désir posthume. Il y avait eu un jardin bien rangé, des arbres taillés, il y a une tombe impeccable. Pas un gravier de plastique ne s'en envolera. L'odeur des fleurs en plastique sur les tombes au mois d'août est écœurante, mais elle me distrait presque. Il y a des croix partout et soudain je vois une étoile de David sculptée dans la pierre et je me fige devant. Raphaël doit être parti. C'est fini. Mes pleurs redoublent et pour me consoler, je m'étreins moi-même en chantant doucement « c'est fini, c'est fini ». Je chantonne en me balançant d'une jambe sur l'autre, comme font les fous pendant des heures entre leurs murs blancs. Je suis venue ici parce que c'est le seul endroit où l'on puisse pleurer sans que personne s'en étonne, sans qu'on vous dérange.

Quand je retourne au camping, il fait presque nuit. Le snack allume ses lumières et il y a une odeur de frites. Des enfants prêts pour aller se coucher jouent en pyjama sur la pelouse et poussent leurs derniers cris avant la nuit. Raphaël est parti.

Il est parti, mais je me dis que c'est normal. Tout le monde a le droit d'être en crise. Tout le monde a le droit de partir. Mais lui tout de même, il part d'une drôle de manière, sans préciser s'il reviendra. Je reste seule sans personne à qui parler. Souvent je pense que ce n'est pas vrai, qu'il n'est pas parti, qu'il n'a pas pris le bateau. Qu'il se cache quelque part. Il veut me mettre à l'épreuve pour voir comment je me débrouille mais il va sortir de derrière les feuillages et tout cela ne sera qu'une mauvaise farce. Je pleurerai et je rirai à la fois mais je serai dans ses bras. Ça doit être cela les épreuves des couples. Alors, j'épluche, je mouline les légumes, je donne à manger aux enfants et moi je ne mange pas. Je fais tout cela en mémoire de lui. Je maigris de dix kilos en quinze jours et j'attends une lettre qui ne vient pas. Je reépluche, je rebalaie, je relessive, je reconduis et toujours en mémoire de lui j'organise fiévreusement une exposition comme il me l'a demandé, et je ne vends rien. Et par un beau matin, une lettre. Le timbre est bien de là-bas. Je n'ose pas l'ouvrir, j'ai peur de quelque chose. Je la pose sur le capot de la voiture pour voir l'impression qu'elle me fait ; je retarde le moment de l'ouvrir et je reste bien sous le soleil pour avoir quelque chose de fort à soutenir. Je le fixe à m'en faire sauter la rétine jusqu'à l'éclatement violet d'une petite dégoulinure dans le ciel. J'ouvre et mes mains tremblent. Ce n'est pas moi qui lis. Ce n'est pas moi. Je me suis dédoublée et mon corps n'est qu'un vieux sac affaissé contre la voiture et mon esprit m'a quittée d'un coup. Vieille et grise. Je me sens vieille et grise.

Il dit sur sa lettre qu'il est parti avec une fille de vingt ans, juive comme lui bien sûr. Il dit qu'il l'aime et qu'elle est de sa race et qu'ils attendent un enfant et qu'ils vont se marier là-bas. Il dit que tout est de ma faute. Je ne vois plus clair et je fonds comme une crêpe sur le capot bouillant de la voiture.

Pourquoi ne suis-je pas de ces femmes qui crient et s'arrachent les cheveux ? Non, je reste là bien droite sous le soleil et je marche comme une aveugle, avec des yeux nouveaux qui sont mes yeux à moi. Avec ces cris au fond de mes yeux. Je fais connaissance avec ce monstre en moi et ce monstre ne pardonne pas. Mais il faut que je le revoie. Rien ne m'importe que de le revoir. Comme on veut revoir un mort pour la dernière fois. Comme on veut revenir sur les lieux du passé.

Alors il n'y a pas un consul, un diplomate, qui ne m'écoute, pas un responsable de la compagnie maritime qui puisse me refuser une place sur le prochain bateau, celui qui part dans trois jours. Il n'y a pas un membre de la préfecture qui refuse de me délivrer un passeport le jour même. Les barrières tombent d'elles-mêmes ou se reculent. On me laisse la place. Je ne sais plus ce que je leur dis mais je leur dis des choses et ils m'écoutent. Je veux le revoir, je veux le revoir. Est-ce que vraiment je ne pardonne pas ? J'envoie un télégramme en donnant le jour et l'heure de mon arrivée. Et j'embarque toute ma vie. La caravane est soulevée par une grue et se balance comme un gros insecte dérisoire dans les airs. Je gare la voiture dans le ventre du bateau. Je porte le bébé sur le bras gauche et je tire l'aînée par la main. Je veux le voir. Après cette traversée, il sera là sur le port à m'attendre...

Le cinquième jour arrive. Il fait plus de cinquante degrés sur le port de Haïfa. Il n'est pas là.

J'attelle la caravane et me dirige sur Jérusalem, parce que c'est plus fort que moi... Deux enfants dont un bébé de quatre mois réclament souvent des soins par cette chaleur, et je m'arrête sur le bas-côté pour leur donner à boire.

J'ai plus de cent kilomètres à faire. Il n'est pas venu. Et j'ai tout d'un coup l'impression d'être née à cette heure même. A l'heure où il n'est pas venu. C'est douloureux, mais la délivrance est toujours douloureuse.

Le soir approche, infiniment doux, et je poursuis le soleil rouge descendu devant moi. Depuis longtemps j'ai quitté la mer et je cherche un endroit pour y passer la nuit. La région n'est pas sûre et je n'ai sur moi qu'un pistolet de défense à gaz lacrymogène. C'est amusant, mais pas très efficace. Je ralentis un peu pour mieux repérer les places possibles. On n'a pas le droit de se tromper en manœuvrant un engin de la sorte accroché derrière, car on ne peut plus faire demi-tour.

Au loin, je vois une silhouette qui fait du stop. C'est un soldat. Je m'arrête. Il me dit qu'il va à Jérusalem. Il parle en français et je lui dis de monter. Il vient du front. Sa chemise ouverte est tachée de sueur et de poussière. Il vient de perdre deux de ses camarades et ses yeux sont comme des chardons noirs. Il range son fusil entre nous et boit au goulot de la bouteille et déjà il a pris Cécile sur ses genoux et lui chante une chanson de son pays. Peut-être pense-t-il aux deux autres, là-bas ? Sa peau est foncée comme celle des gens nés dans son pays, les sabras, qui sont comme les cactus, tendres à l'intérieur, mais hérissés de piques. C'est ce qu'on dit des sabras nés du sable et de la pierre d'Israël. Et celui-ci n'a connu ni père ni mère mais il a grandi avec les arbres d'Israël qui ont comme lui vingt ans. Il serre ses mâchoires de cuivre sur des silences d'or et le silence pour lui qui a une permission de vingt-quatre heures c'est le silence du fusil-mitrailleur et celui retrouvé après les coups de bazooka, juste à quelques kilomètres d'ici, après l'écran des montagnes. Les nuits à venir j'entendrai parfois le bruit des canons jusque sous le ventre de la caravane et puis, plus rien... Et je n'aurai pas même peur ; car jamais on ne pense que les choses peuvent vous arriver. Les enfants ne bougeront pas. Tout doucement je soulèverai le rideau, pour voir à quoi ressemble la nuit dans ce désert où je me suis arrêtée. Il n'avait pas l'air d'un désert pourtant quand je m'y suis arrêtée. Mais c'est un phénomène propre à l'Orient que de se sentir ainsi brusquement isolé.

Il y avait quelques baraques en planches où des indigènes arabes vendaient des conserves, des boîtes de bœuf en gelée et du Coca et sans doute bien d'autres choses que je m'empresserai de regarder demain. Il y avait un précieux robinet aussi perdu dans la rocaille qui dardait sa tête au-dessus des maigres plantations. Les cultures rongeaient de leur eczéma vert les flancs brûlés de la montagne. Les tomates poussaient sur trois centimètres de terre et on leur dispensait une fine vaporisation d'eau quelques minutes par jour. C'était un miracle de patience que ces légumes dégringolant les espaliers des collines et l'Israélien qui les faisait pousser s'épongeait le front en disant « lehat ! lehat ! » Ce qui veut dire « patience, patience ! » Je refermais bien le robinet chaque fois que j'allais chercher de l'eau. Je savais qu'elle était la vie et qu'ils la drainaient sur des centaines de kilomètres jusque dans le désert. Il n'y avait pas trente-six points d'eau en Israël. L'eau et les arbres forçaient le respect. J'apprenais aussi à regarder où je posais les pieds en faisant le parcours robinet-caravane sur le chemin caillouteux, à cause des serpents et des scorpions qui y vivaient leurs vies. C'est un pays où l'on doit rester dans un éveil constant. Même quand je conduisais, je faisais attention de ne pas rouler sur des cartons ou tout autre objet d'apparence insignifiante se trouvant sur la route. J'avais appris à les éviter à cause des mines qui pouvaient s'y trouver cachées. Les pastèques explosives aussi je m'en méfiais. Et les serpents qu'on s'imagine écraser quand on roule dessus et qui s'enroulent autour de l'essieu de la roue et risquent de vous piquer au moment de sortir de la voiture. Bref, j'avais appris à avoir des yeux derrière la tête et à observer.

La nuit seulement j'avais peur, pas quand je roulais, mais quand je m'arrêtais. Je sortais vite de la voiture et poussais les enfants à l'intérieur de la caravane. J'avais le cœur battant d'avoir fait si vite et d'être quand même arrivée à refermer le loquet de la porte sur nous. Une fois dedans j'avais l'impression d'être inviolable et je commençais à donner aux enfants les soins de fin de journée. La grande croquait dans un concombre et la petite biberonnait dans mes bras. Souvent, je chantais la petite chanson du soir qui était un pot-pourri de toutes les berceuses que je connaissais, apprises dans les pays que j'avais traversés.

Plus je chantais, plus la nuit descendait et plus ma voix se décousait par petits points comme si je chantais pour la fin du monde qui viendrait me surprendre là, dans ma caravane, à cette place de hasard. Alors ma voix s'enrayait et je ne pouvais plus sortir un son tant la solitude me glaçait et j'aurais voulu qu'un compagnon se trouve là pour être un peu le témoin de ces choses simples que sont le coucher des enfants et les questions avant de s'endormir et les derniers gazouillis de la petite. Ces choses qui donnent envie d'écrire une petite lettre au compagnon parti au loin. Mais là, il n'y avait plus personne. Toute la douceur et l'amertume étaient pour moi seule. Je ne pourrais pas dire « Oh viens voir ce qu'elle a fait !... », ou encore « demande à papa de t'en lire une page ». Sans doute que j'étais venue ici pour faire connaissance avec ma nouvelle identité, un peu pour me faire de l'épate à moi-même, pour me roder en quelque sorte. Si j'avais été capable de faire toutes ces expéditions, je serais capable de faire bien autre chose. Dans ce pays il fallait lutter contre tout, à commencer par la chaleur. Quand on a cinquante degrés qui vous tombent sur la tête, l'absence n'est plus exactement l'absence.

Ce que j'étais venue faire ici dans ce pays, c'était apprendre à exister par moi-même. Je pouvais très bien donner le biberon et tout de suite après rabibocher le câble de l'accélérateur qui décidément ne voulait pas tenir avec une épingle à cheveux. Pourtant c'est vrai, ce soir après avoir chanté une berceuse aux petites j'aurais voulu qu'on m'en chante une à moi aussi, j'aurais voulu un témoin de mon existence, par quoi mon rire se serait prolongé tard dans la nuit. Je ne savais plus si c'était normal ou pas normal, de vouloir qu'on me chante la berceuse, ce qui ne me semblait pas normal, c'était le manque, l'absence. Alors cette expédition forcenée, ce danger couru près des barbelés sur des routes minées, cette peur chaque nuit vaincue, c'était ma cuite permanente. Mes rondes de nuit, c'était ma ronde d'amants à moi. Je n'avais pas besoin qu'on me donne une leçon, j'étais assez grande pour me la donner moi-même. Et puis où était le changement ? Jamais je n'avais fait partie de ces femmes dont la moindre ombre sur le visage inquiète leur compagnon. On n'était jamais venu me demander ce que j'avais quand je me cachais dans les coins, alors qu'est-ce que cela changeait de se retrouver seule ? Je ne savais même pas que cela puisse exister qu'on fasse un peu attention à moi mais peut-être que ça n'existait pas et je préférais le penser et ne rien attendre. Parce que tout de même, c'est de là que vient la maladie, de l'attente. Il fallait tuer le mal à la racine. Un coup de bombe insecticide sur l'espoir et l'attente pour ne vivre que l'heure présente en toute désespérance. Voilà pourquoi j'étais venue dans ce pays pour m'entendre dire : « Tu es vivante aujourd'hui, tu seras peut-être morte demain. »

C'est ce qu'il me disait le jeune homme aux habits kaki que j'avais ramassé sur la route de Haïfa à Jérusalem et j'eus envie de serrer sa main pour me l'avoir dit. Le soir tombait me donnant un frisson sur les épaules comme au moment des premières mesures au concert de plein air et je décidai de m'arrêter un peu avant Jérusalem. Je décidai aussi que lui, le jeune homme à la peau cuivrée, serait le deuxième homme. Ainsi le voile tomberait sur mes sortilèges. Déjà d'avoir franchi le portail du camping la première, j'avais réglé son compte à Raphaël, et maintenant en aimant ce jeune juif sur la terre même de son pays, j'exorciserais à jamais les malheureuses paroles de Raphaël, « tu n'es qu'une goï ».

J'arrêtai mon attelage au bord d'un chemin et il sauta à terre pour me guider. Je devais faire demi-tour et m'engager sur un chemin de terre bordé de part et d'autre par de larges tranchées. De chaque côté, j'avais cinquante centimètres pour manœuvrer et j'espérais bien que le jeune homme ne s'était pas trompé dans ses indications. Il m'avait assuré connaître l'endroit et qu'au bout de quelques dizaines de mètres, je devais pouvoir me garer sur une plate-forme. Je grimpai le raidillon en première, sachant qu'un seul écart de volant pouvait flanquer la caravane dans un des fossés. Je voyais sa jeune silhouette dans mes phares, il marchait à reculons en me faisant des signes avec ses mains, son regard était concentré sur les roues et sur le bas-côté du chemin et mon regard ne quittait pas ses mains qui m'aidaient à manœuvrer lentement, me frayant un passage dans une couche nocturne où je ne distinguai rien que les filets d'argent tracés par d'intrépides insectes, et s'en venait aussi à mes oreilles, le chuchotement de la moire froissée par les ailes de gigantesques papillons. Je ne les voyais pas, mais je les sentais tout autour de moi comme un épais velours noir frôlé par mégarde et qui s'enroulait comme des manches autour de mes bras nus. Je me sentis nue et blanche avec ces seules manches de velours noir pour tout habit et je vis dans les phares la peau brune du soldat et j'eus envie d'y toucher. Il me fit signe qu'on arrivait à la plate-forme. Toujours guidée par ses gestes, je manœuvrai mon attelage en décrivant de grands demi-cercles sur les caillasses du chemin jusqu'à trouver une surface assez plane pour le campement de nuit.

Quand je m'immobilisai, il m'aida à décrocher la roulotte, ce que je faisais habituellement seule, et il s'inquiéta de savoir comment je pouvais y arriver d'habitude tant cette manœuvre demandait de force dans les bras. Sans doute que je puisais ma force dans cette rage intérieure qui ne me quittait pas. Rien ne me semblait trop lourd, il y avait une telle électricité en moi que je me sentais capable de pulvériser tout ce qui ne m'obéissait pas. La caravane lourde devait m'obéir, je la décrochais et maintenais sa flèche du bout de mes mains à la manière de ces athlètes qui bandent leurs muscles avant de soulever les haltères et d'un geste sec, je la soulevais et la faisais pivoter sur ses deux roues, après quoi je la reposais en m'arcboutant contre elle afin qu'elle ne glisse pas et vivement je serrais son frein, c'était fini pour la lutte, pour l'excès de force à dépenser. Il me restait juste la corvée d'eau qui consistait à remplir trois bidons de dix litres chacun et à les ramener. Le parcours était plus ou moins long selon l'endroit où se trouvait le point d'eau potable. Après, il y avait les travaux qui incombent traditionnellement aux femmes, ennuyeux dans l'ensemble, mais que je m'efforçais de pimenter. Puisque j'étais nomade autant vivre cette vie harmonieusement. Le mieux serait qu'en compensation de la vaisselle que j'aurais à faire, je m'offre la joie d'allumer un feu. Je savais très bien disposer les pierres autour du foyer et même j'avais un truc pour quand les flammes ne voulaient pas prendre, je jetais dessus quelques gouttes de pétrole et voilà je pouvais mettre sous la braise quelques pommes de terre et faire griller un morceau de viande piqué au bout d'un instrument barbare que je venais de confectionner sur les lieux mêmes du campement. La viande avait un goût sauvage, salé par la cendre et le romarin calciné. De la même façon, je bourrais le ventre d'herbes et je frottais la chair de citron. Cécile fut élevée de cette façon. Elle doit avoir la mémoire pleine de feux de camp. Elle vivait à moitié nue et pour faire pipi, c'était là-bas derrière le buisson. Dès l'âge de neuf mois, je l'avais habituée à se nourrir seule et n'étais présente que pour venir à la rescousse. Il fallait la voir s'expliquer avec la nourriture ; c'était un véritable combat livré à l'aide de la cuiller ou des mains. Je disposais devant elle des aliments de couleurs différentes et toutes sortes de légumes coupés en dés. La préférence allait aux couleurs vives. Ensuite je glissais dans la menotte un pilon de poulet entier. La manipulation n'avait qu'un temps, elle comprenait vite qu'il fallait l'enfourner si elle voulait calmer sa faim.

Mais cette première nuit, je la passerai sur les hauts de Jérusalem, je donnerai à dîner aux enfants et je les coucherai, et pour la première fois j'irai parler avec un autre homme, avec ce garçon dont la bouche amère murmure des paroles d'espoir. Je me réchaufferai à un autre feu, j'apprendrai une autre peau. Je désamorcerai sept ans de passion, je n'espérerai rien. Je n'aurai pas le cœur gros quand il partira à l'aube. J'apprendrai à compartimenter ma mémoire. J'ai passé cinq jours en mer pour voir un peu la tête qu'a un homme qu'on aime et qui est parti avec une autre dont il aura bientôt un enfant.

Pourquoi est-ce que je ne pardonne pas ? En bonne sorcière je m'en vais immoler son souvenir sur la montagne, une bonne fois pour toutes brouiller les pistes. J'ai cru comprendre dans sa lettre qu'il s'accommoderait fort bien d'un arrangement. Quel « arrangement » ? Celui de son remord vis-à-vis de cette femme s'il me revenait ? Ou son incapacité à vivre pleinement auprès d'elle à cause de nous qu'il aura quittées. C'est trop tard, rien ne me convient, je ne serai jamais de celles qui grignotent des miettes à la fin des repas dans les paumes des messieurs.

Je n'aurai qu'à élever mes gosses seule comme des dizaines de milliers d'autres. On ne meurt pas de ces choses-là. On meurt de maladie, ou d'accident, mais pas de ces choses-là. C'est pourquoi j'ai fait cette route jusqu'à Jérusalem, pour démystifier cet amour que je traîne comme une aile lamentable. Avec ma tête sur les genoux de cet inconnu, c'est mon passé que je délie, je viens enfouir mon passé dans la colline de sable. Il est mort à jamais et personne ne saura le retrouver, pas même moi. Et ce garçon n'aura pas de visage, et je sais déjà le goût du café brûlant que nous boirons au matin sous le toit de tôle surchauffé par le soleil, près d'un baraquement où l'on vend des sandwiches débordants de salade et de piments. Je sais aussi ce que sera la lumière qui fait crisser les paupières, je pressens l'austérité qui sera comme une lourde porte tournant sur ses gonds pour se refermer sur la chambre secrète. N'est-ce pas un peu l'austérité que d'accepter mille destins ? Alors, cette nuit, je boirai un peu de bon vin entre chaque baiser. Je ne mettrai plus d'eau dedans. Et je bois à nos mille destins, à nos mille baisers, à notre mort si proche ou si lointaine mais qui ne sera pas douce et comme notre vie sera solitaire. Je bois à la dernière main qui étreindra la mienne et qui sera celle d'un passant et sûrement pas celle que j'espérais. Quand nous aurons bu à tout cela, nous pourrons encore faire de beaux enfants, aimer encore jusqu'à la catastrophe, craindre avec raison l'approche du mois de novembre et pleurnicher sur des poitrines glacées qu'on vous la chante un peu cette berceuse. N'est-il pas austère ce choix ?

Nous sommes partis un peu plus loin dans la colline et le jeune homme s'est endormi sous mon ventre. C'est moi qui veille et j'ai redressé la tête comme une bête aux aguets dont tout le corps tremble. J'ai un œil sur la roulotte et lui dort, bouche ouverte comme un soldat mort. Doucement je pose mes lèvres sur cette veine de son cou où la vie bat encore violemment. Comme c'est étrange un deuxième homme, comme c'est terrible d'avoir fait ce long voyage jusqu'à cet endroit précis où je voulais que ce deuxième homme me prenne. Pas n'importe où, mais là sur cette colline, en face de cette ville, sur les hauts de Jérusalem. Ce que je voulais, je l'ai accompli et je soutiens sa jeune tête entre mes mains comme on le fait pour celle d'un enfant. J'ai envie de lui dire : « Tu es le deuxième », mais c'est un secret entre la colline et moi, et de toute façon le croirait-il ? Les hommes s'en foutent de ces choses-là. C'est quand on commence à ouvrir la bouche que les choses se gâtent et qu'ils pensent qu'on est des salopes et qu'on a toujours de bonnes excuses ; alors mieux vaut la fermer et me servir de ma bouche pour l'aimer. Tout à l'heure, il y a eu un drôle de bruit et c'est pour ça que j'ai relevé la tête. Dans son demi-sommeil il m'a attirée contre lui en me disant : « Ne crains rien, ce sont des chacals, ils n'approchent jamais de ce qui vit. » Je l'ai aimé de me serrer si fort contre lui en soufflant à mon oreille : « N'arrête pas, je t'en prie, n'arrête pas de remuer... C'est merveilleux l'amour avec toi... » Alors j'ai redressé le buste et me cambrant en arrière pour la première fois, j'ai eu envie de toucher mes seins en faisant l'amour, et pour la première fois aussi je me suis entendue gémir et demander encore et encore. Pour la première fois j'ai réclamé le plaisir et, de toutes mes forces, j'ai voulu le donner. Alors j'ai compris aussi pourquoi j'étais venue.

Je reste seule devant les coupoles de Jérusalem. Je les vois d'où je suis. A quel moment ai-je décidé de me battre contre moi-même ? Quels mots ai-je répétés inlassablement et qui pouvaient ressembler au monologue d'une amnésique ? Je ne sais plus. Je sais seulement que je désirais perdre la mémoire et que la chaleur accablante m'obligeait à redoubler d'attention auprès des enfants.

Je sillonnai le pays dans tous les sens, et puis, un jour, je me décidai de téléphoner à un de nos amis communs. Il me dit « qu'il avait vu Raphaël, il y a quelques jours et que ce dernier s'était embarqué pour la France afin de me retrouver ». Je ne ressentis même rien, si ce n'est une dérisoire petite joie. Ainsi nous nous étions croisés en mer, chacun sur un bateau. Il avait fait son choix et il repartait pour la France où il ne me trouverait pas. Rien ne m'importait plus que de comprendre ce qui se passait en moi. J'étais engluée. Je ne ressentais plus rien. J'étais étonnée de me retrouver avec de nouveaux bras, de nouvelles jambes et mon miroir me disait que j'étais une femme qui a changé. Je ralliais en moi toutes les forces nécessaires pour admettre que je m'étais trompée, que durant presque sept ans j'avais vu Raphaël avec d'autres yeux.

Il devait revenir en avion et je savais que sa vue ne me bouleverserait pas. Un homme incapable de tenir une promesse ne m'intéresserait jamais. Je me rendis compte que je le méprisais. Il ne serait jamais au rendez-vous, il ne trouverait jamais les mots qu'il faut.

Comme dans un rêve, j'entendais les clochettes des moutons qui grimpaient les flancs de notre montagne d'Accous. Je revoyais la lumière d'octobre sur leurs dos serrés et j'entendais leurs bêlements plaintifs, comme si, sept ans après, rien n'avait changé. Il y avait une très jolie lumière violette qui faisait des anneaux autour des plus hauts sommets comme sur ces gravures qui illustrent les contes de fées. En plein Orient, j'avais encore un goût de neiges éternelles. Les fées s'étaient enfuies et le ciel que je regardais des heures et les petits nuages violets qui couronnaient la montagne, rien ne serait jamais pareil. La confiance n'existait plus. J'attendais à un endroit donné le retour de Raphaël, qui affolé de mon départ de France reprenait l'avion pour Israël. J'attendais sur le bord d'une route que des Israéliens achevaient de goudronner. J'étais à l'heure, j'étais exacte. Je ne ressentais rien.

Il arriva, je le détestai. En le détestant, je sauvais ma peau. Cette jeune femme qu'il avait emmenée avec lui avorta au septième mois. Nous vécûmes un véritable enfer sous un soleil implacable qui le rendait à moitié fou. Il ne comprenait pas que, puisqu'il était revenu, je ne lui ouvre pas les bras. Il devint brutal et faillit m'étrangler alors que je me refusais à lui. Toutes les semaines il traversait le pays pour rejoindre cette jeune femme qui semblait ne rien comprendre à mon irruption subite et au départ de Raphaël. Mais le pis restait à vivre, et le pis c'était que nous étions embarqués sur la même galère. Avec tous ces voyages, nous nous retrouvions sans un centime et, pour la dernière fois, dans un climat de haine, nous étions forcés de nous tenir les coudes.

Nous réussîmes à regagner la France. C'est là que je choisis de me séparer de lui, et que Raphaël eut ce mot à la bouche: « Débrouille-toi. »

Alors je connais l'exode et me retrouve avec une valise et mes deux gosses que je traîne par la main. D'amis en amis, d'hôtels borgnes en hôtels crasseux, de nourrices en nourrices. La nuit les enfants pleurent et demandent que je les prenne dans les bras. Je les rassure, je les embrasse, je ne veux pas qu'elles réveillent la chambrée. Je fais « chut ! » avec mon doigt, je m'épuise à bercer la plus petite et j'espère qu'elle n'a pas fait pipi sur le lit.

La rentrée des classes arrive. Je traîne partout avec moi la petite. Nous nous fortifions mutuellement. Je me souviens qu'elle me guidait sur le trottoir. Elle me tenait par la main et c'était elle la mère et moi l'enfant. Cette petite fille qui était encore un bébé, dont je talquais les fesses et qui désirait parfois téter un biberon, m'entraînait en silence et de sa main bloquait mon genou au moment de traverser une rue. Halte ! Il y avait danger. Alors, je regardais à gauche, ensuite à droite comme on m'avait appris lorsque j'étais écolière et je traversais hardiment la chaussée.

Comme des milliers d'autres femmes, j'ai dû la laisser en nourrice pendant mon temps de travail. Je savais qu'elle regardait tout au long du jour par la fenêtre pour voir si j'arrivais.

Le vendredi soir, nous allions chercher sa sœur qui revenait de sa pension par le train à la gare Saint-Lazare. Pour fêter ces retrouvailles hebdomadaires, nous faisions un petit repas de crêpes dans un bistrot du coin. C'était sacré. Les petites me tiraient gentiment par la main en me disant : « Tu es contente, hein, maman, d'aller manger des crêpes ! » Nous prenions le bus pour rentrer et c'était aussi une promenade, et j'avais tout de même l'impression de faire des choses importantes avec elles dans toute cette débâcle... Elles s'en souviendraient, mes petites, des crêpes, des bus et des squares de quartier.

Comme toutes les mères, je partais avec un petit seau, une petite pelle et une corde à sauter et aussi un cornet de papier rempli de miettes de pain pour les pigeons. Je sautais avec l'aînée et nous tournions la corde de plus en plus vite et ses petites amies disaient : « T'en as de la chance d'avoir une maman qui joue avec toi ! » Il y avait aussi l'heure de la glace et elles le savaient bien.

La plus petite ouvrait sa main pour recevoir « un sou ». Et la grande voulait « deux sous » pour en acheter une double. Je les regardais partir et là encore j'avais l'impression de faire des choses importantes. Pourvu qu'elles s'en souviennent et que je ne leur paraisse pas trop sombre. Et elles s'en souvenaient. Elles m'en reparlaient comme autant de petites fêtes que j'avais réussi à renouveler dans notre vie d'exilées.

L'argent me manquait et personne ne pouvait m'aider. Le tour de la question était vite fait. Pour se venger de ma « forte tête », Raphaël avait disparu en me disant de me « débrouiller ». Ainsi, il était sûr de m'atteindre. Je me jurai de ne jamais oublier. Je ne pouvais prendre un travail quelconque dont le salaire m'aurait juste permis de régler les frais de pension et de nourrice. Il fallait que je fasse un banco, que je mette tout en jeu.

Je décidai de reprendre mon métier de comédienne que j'avais laissé de côté au moment où j'avais rencontré Raphaël. Parallèlement il fallait aussi que je m'assure un travail régulier. Je décidai de travailler de nuit et de démarcher le jour pour trouver des engagements. La fin de l'année scolaire approchait et les amis qui m'hébergeaient devaient quitter leur logement. Je ne savais plus où aller.

Paris au mois de juillet, chaud et poussiéreux,

me faisait voir ses arbres comme agenouillés et tremblant de toutes leurs feuilles dans la capitale déserte. La prière va toujours quelque part me disais-je, et je marchais rue de Rivoli tirant mes enfants derrière moi. La tour Saint-Jacques et son petit square, et le pont avec le soleil rouge du soir, et le mystère de Notre-Dame que j'interrogeais... Où étaient parties mes forces ?... Je me traînais. Je n'étais plus qu'une morte mais qui n'avait pas le désir qu'on l'achève. Ma vie dans la roulotte... Tout ce que j'avais fait avec tant de joie sans jamais avoir cessé d'y croire. Saint-Jean-de-Luz, Accous, la Suède, Israël... Je ne m'en souvenais plus. Ce n'était pas moi qui avais vécu cette vie-là. Etait-ce bien moi qui faisais la queue au centre d'allocations familiales, était-ce bien moi qui remplissais des dizaines de papiers et qui apprenais à ranger dans un étui de plastique des numéros d'immatriculation qui me concernaient, paraît-il. Et puis, je n'avais jamais réalisé que j'étais fille mère. C'est en abordant pour la première fois ces guichets de la « bienfaisance sociale » que je m'en rendis compte. « C'est Madame ou Mademoiselle ? Situation du mari ou du concubin ? — Je n'en ai pas ! » Un regard soupçonneux se lève vers moi. « Alors vous m'apportez vos dernières fiches de paie, vos dernières déclarations d'impôts, vos... — Je n'en ai pas. » Plus que jamais, je me rendais compte que j'avais toujours vécu en marge de la société. J'étais dans la situation d'une immigrée. Je ne pouvais rien justifier de ma vie passée.

De Raphaël, je ne me rappelais que le beau côté. Je ne voulais rien savoir du reste. Il restait un serment grave. Une grave promesse. Tout était sale comme cette eau de Seine et pourtant immuable. Je savais que j'aurais la force de reconstruire et quand les larmes me montaient aux yeux, pour les arrêter je frottais mes paumes très fort sur la balustrade de pierre qui bordait le pont d'où je regardais la Seine.

Souvent je m'arrête dans ma promenade. Les petites regardent les bateaux-mouches et crient de joie quand ils passent : « On ira, dis maman, on ira ? — Oui, une autre fois... » Je peux souffler sur mes mains égratignées et me faire un serment. Celui de m'en sortir. Elles s'agrippent à mes jambes et jouent à cache-cache. Elles veulent que je compte les points, elles veulent que je sois le chat : « Oh ! si maman, attrape-nous, une fois, juste une fois ! » Je promets que oui. Elles prennent mes jambes pour un tourniquet et je suis secouée de partout, mais je pense : elles rient, c'est l'essentiel. Il faut que je tienne ce serment, il faut que je rattrape des siècles. Je rebâtirai, c'est mon serment. Je resterai belle si je peux. Je ne deviendrai pas aigrie. Je n'attendrai personne. Non, je n'attendrai pas. Jure que tu n'attendras pas. Je le jure. Mais d'ailleurs qui m'aimerait assez pour lire en moi ces jardins de la Toussaint et ce mois de novembre qui dure toute l'année ? Non, je n'attendrai pas. Je jure de ne pas attendre. Je jure de ne pas dépendre. Il y a mille assassins en moi et je commencerai par ma propre exécution. Mon apparence résignée n'est qu'un mirage. Je suis écartelée entre cette couseuse à sa fenêtre et cette fossoyeuse qui fossoie pour y loger le pied d'une cathédrale. Et c'est cette maçonne que je choisirai d'être qui posera la dernière pierre au faîte du toit.

Je hais les Champs-Elysées et c'est pourtant là que j'ai trouvé un travail. Dans un drugstore. Alors je vois que c'est juillet, je vois qu'il y a de la poussière et que Paris sent l'essence. Je décide de prendre un train et je prends le train comme si je montais dans un corbillard, et je me dis que mes filles seront mieux dans le sud de la France à cette époque plutôt qu'à Paris. Je connais des personnes qui les prendront en pension. Celles justement qui me les avaient gardées le jour où j'avais été pleurer au cimetière. Ce sera la première fois que je me séparerai de mes filles.

Nous faisons un beau voyage et même nous allons au snack du wagon-restaurant. Elles demandent une paille à chaque passage du vendeur de limonade qui agite sa clochette. Et nous buvons du Coca, et je rafraîchis leurs mains avec des tissus imprégnés d'eau de Cologne qui se jettent après usage. Je brosse leurs cheveux, et nous baissons la vitre. Nous sommes arrivées. Je dis à la plus grande que je la laisserai là pour les vacances et que je ferai mon possible pour venir les voir. A la petite, je ne dis rien. Elle est là en toute confiance à jouer avec un bébé chien. Je pars comme une voleuse en cachant mon regard derrière des lunettes noires. Je nè savais pas que des lunettes pouvaient servir à cacher ses yeux pour ne pas rencontrer ceux des autres. Je suis à peine au détour du chemin que j'entends les cris de la plus petite qui appelle « maman, maman ! ». Dans son langage de toute petite fille, elle hurle, elle crie en sanglotant. Je m'arrête et je ne sens même plus mon cœur battre. J'entends qu'on la console, qu'elle s'apaise un peu et qu'elle hoquette doucement avec de grands râles rentrés dans la poitrine. Sa sœur la calme aussi. On lui dit : « Maman va revenir. » On essaie de l'appâter mais j'entends qu'elle refuse les bonbons. Alors un monsieur se met à faire le chien et son rire s'élève encore entrecoupé de sanglots. J'aie envie de hurler contre ce maudit chèvrefeuille qui parfume toute l'allée. Mais je mords mes lèvres et je pense aux mères qui ont perdu leur enfant. Les miennes sont bien là où elles sont. Il faut savoir faire cet apprentissage de la séparation. Je m'enfuis vers la gare à grandes enjambées. Je pars sans me retourner. J'achète des cigarettes et le plus idiot des journaux et je prends le train. Plus un centime sur moi. J'ai tout donné pour la pension.

Le lendemain soir, je commence mon travail au drugstore. Je vends des ceintures en croco et des chemises style 1900 et des tabourets design et même des habits d'enfants. J'arrive tout de même à sourire aux miroirs. On me drague de six heures du soir à deux heures du matin. Il y en a qui reviennent tous les jours à la même heure. Il y en a qui font exprès d'acheter le journal et qui font semblant de le lire pour mieux me regarder. On me dit « Vous en avez des yeux ? Faut pas être triste comme ça ! ». Jamais je ne réussirai à mettre de côté assez d'argent pour louer un appartement et entretenir mes enfants. Je gagne quarante francs par soir.

Quelqu'un que je connais à peine me dit : « J'ai une chambre affreuse à la Bastille. Je n'ose pas vous la proposer, mais si cela peut vous dépanner... »

C'est de là que j'écris.

Si je n'avais pas senti couler du lait de mes seins, j'aurais crié toute ma vie. L'amour finit toujours par devenir maternel.

697

Achevé d'imprimer en Europe (France)
par Maury-Eurolivres - 45300 Manchecourt
le 8 juin 2000.
Dépôt légal juin 2000. ISBN 2-290-30383-6
1er dépôt légal dans la collection : sept. 1976.

Éditions J'ai lu
84, rue de Grenelle, 75007 Paris
Diffusion France et étranger : Flammarion